INVENTAIRE

DU

# TRÉSOR DE SAINT-NIZIER

Listes des Sépultures de la paroisse

# INVENTAIRE
DU
# TRÉSOR DE S<sup>T</sup>-NIZIER

## DE LYON

1365-1373

## Listes des Sépultures de la Paroisse

1346-1348

*Documents inédits publiés d'après les textes originaux*

PAR

GEORGES GUIGUE

Ancien élève de l'École des Chartes

A LYON

AU SIÈGE DE LA SOCIÉTÉ

QUAI DE LA PÊCHERIE, 1

MDCCCXCIX

# INTRODUCTION

Les archives de l'église Saint-Nizier, l'ancien oratoire de saint Pothin, l'ancienne basilique de saint Patient, ne nous ont laissé que fort peu de traces de son histoire primitive ; à peine pourrait-on citer quelques titres dont ce curieux procès-verbal de relèvement des corps saints qui nous a conservé le texte de six inscriptions de la première cathédrale de Lyon (1). Aussi, serait-on en droit d'espérer trouver quelques souvenirs de son antiquité dans les inventaires de son trésor, comme on en a trouvé dans le sol de ses fondations.

Deux de ces intéressants documents, l'un de juin 1365, l'autre de février 1373 (n. s.) nous ont été conservés, dans un registre in-folio, entre des actes capitulaires de 1338 à 1384 et des comptes des procureurs du Chapitre de 1346 à 1348. Ils nous mentionnent, dans un premier chapitre consacré aux vêtements d'autel, des dalmatiques, des tuniques d'or,

(1) Voir *Procès-verbaux de la Société des Antiquaires de France*, séance du 5 juillet 1876, lecture d'une communication de M.-C. Guigue, par Jules Quicherat.

de soie, de damas de diverses nuances, une chasuble de velours noir vergé rouge et jaune avec sa dalmatique et sa tunique de couleur violette, semées de fleurs tissées ; une chasuble rouge semée de lions blancs ; treize mitres dont une blanche avec des perles. Dans le second chapitre on trouve une étole et un manipule tissés de fils d'or et d'argent à personnages ; dans le troisième : une aube à parement de drap doré « avec de très belles images » ; une autre à parement rouge avec des bêtes dont la tête, les pieds et le tour des ailes sont dorés ; une autre avec des oiseaux aux ailes éployées ; une enfin, de soie noire avec le pape, deux évêques et deux chapelains ; une petite toile, dorée aux extrémités, pour porter le saint-chrême ; deux grandes bannières de cendal rouge ; un grand linge pour ensevelir le crucifix au temps de carême ; « les braies de l'autel » ; une longue toile pour couvrir le tableau de saint Ennemond devant la croix. Ailleurs quelques pièces d'argenterie, des custodes enrichies de cristal, quelques calices ; dans les coffres : quelques toiles fines, des orfrois, deux grands missels et six coussins pour le service du grand autel ; un texte apporté sur son coussin au moment de l'évangile ; quelques livres de chœur, deux bibles, un homiliaire ; dans une armoire : des reliques, la tête de saint Denis (1), le bras de saint Ennemond (2) ; avec elles, une croix noire, une Notre-Dame d'albâtre, quantité de petites croix de peu

(1) Die Mercurii sancta (1347 n. s.), pro ecclesia mondifficanda de supra XV s. V. — It. pro turribulo, uno calice, una capa et *pro capite sancti Dyonisii preparanda*, XXV s. V. (*Arch. du Rhône, act. cap. de Saint-Nizier, f° 69.*)

(2) V. sur saint Ennemond : J. P. CONDAMIN, *Etude historique sur saint Ennemond*, Lyon, Brun, 1876.

de valeur; deux bénitiers, quatre candélabres, le plat à charbon avec le livre de prime.

Il semble résulter de cette énumération que quelques-uns de ces objets peuvent être d'anciens et précieux souvenirs jalousement gardés et cette impression est en quelque sorte justifiée par la description des draps dont l'église est tendue aux jours de grandes fêtes (1). Ce sont : des draps d'or avec des bêtes et des oiseaux étranges ; un drap de soie argent coupé de bandes vertes et rouges et chargé de semis de roses ; un drap d'azur semé de chiens blancs, de griffons d'or ; sur fond rose, des lions verts à têtes et pieds

---

(1) Pro crochetis positis in choro et retro majus altare, ad ponendos pannos aureos, IIII s. (*Act. cap. compte de 1346, f° 62 v°*).

Parmi les cérémonies qui avaient lieu à Saint-Nizier, la suivante mérite d'être spécialement signalée :

*Quando processio Sancti Johannis venit in ecclesia Sancti Nicetii in festo post Pascha.* Anno Domini M° CCC° LIII°, die Martis post Quasimodo, fuit festum beati Nicetii et sero in vigilia dicti festi fuerunt ad vesperas apud Sanctum Nicetium decanus et alii canonici dicte ecclesie, in processione cum capis et mitris et totus conventus in superciliciis et armuciis, et in introitu ecclesie ornaverunt se in uno circuytu et cantaverunt hic, ante portale, quandam antiphonam et postmodum intraverunt et cantaverunt in coro veperos et, dictis veperis, intraverunt omnes in clauxtro et ib sederunt et fuit eisdem datum ad potandum, et post potationem elevaverunt se et inceperunt dicere completorium et ipsum finierunt ibidem et postmodum recesserunt. In dicto festo beati Nicetii venerunt etiam apud Sanctum Nicetium, in processione, sicut in vesperis et cantaverunt ibidem missam, et post missam cantaverunt sextam et, sexta dicta, exierunt de coro et ornaverunt se faciendo circuytum et inceperunt dicere unum salmum et, salmo dicto, presbiter dixit orationem et postmodum recesserunt. Et hec facta fuerunt presentibus St. de Cimandr., B. Vurpil, B. Chameleti, Hug. de Curtun. ?, presbiteris, et pluribus aliis. (*Ibid. f° 12.*)

dorés, des feuilles de vigne vertes avec des léopards et des paons d'or; sur fond rouge, un semis de cœurs avec des léopards; sur fond vert, une couronne de colombes et d'autres bêtes roses, aux têtes et pieds dorés ; puis la Vierge portant l'enfant Jésus ; des châteaux jaunes, des cerfs, des chiens, toute une chasse ; des feuillages, un semis d'étoiles jaunes et de roses blanches ; l'enfant Dieu dans ses langes, la Vierge, les saintes femmes ; ailleurs, toute la passion du Christ ; le roi Alexandre accosté de deux griffons blancs ; des couleuvres ou serpents verts ; enlacés en cercle, des serpents blancs ; des aigles blancs, des lions rampants, deux petits draps aux armes de France.

Ces verdures, ces animaux fantastiques, ces ors qui ruissellent sur des soies éclatantes pourraient nous reporter bien au-delà du XIVe siècle (1), mais en tenant compte de ce fait qu'il était d'usage au moyen âge de recouvrir les cercueils d'étoffes précieuses qui restaient la propriété de l'église, comme le démontrent quantité de testaments (2), en observant que le Chapitre de Saint-Nizier n'a été constitué qu'en 1305, que les chanoines, en prêtant leur serment, s'engageaient à fournir de riches étoffes pour leurs chapes (3) ; en constatant surtout que, par acte capitulaire

---

(1) Cf. FRANCISQUE MICHEL. *Recherches sur le commerce, la fabrication et l'usage des étoffes de soie, d'or et d'argent et autres tissus précieux en Occident, principalement en France pendant le moyen âge.* — Paris, Lahure, 1852, 1854, 2 vol. in-4°.

(2) Voir pour la région lyonnaise, *Les Masures de l'Ile-Barbe*, nouvelle édition. Lyon, E. Vitte, 1887, t. I, pp. 377-685, et CHAVERONDIER, *Inventaire sommaire des archives de la Loire*, série B, t. II.

(3) Anno Domini M° CCC° quadragesimo secundo, die Veneris in crastinum festi Assumptionis beate Marie Virginis, in capitulo generali, presentibus dominis Francisco, sacrista, Bartholomeo de Furno,

d'octobre 1338, ils décidèrent que nul cercueil sauf celui d'un prince ou d'un baron ne pourrait désormais pénétrer dans le chœur pour l'absoute s'il n'était recouvert d'un drap d'une valeur d'au moins 10 florins d'or (1), on sera plutôt

---

Johanne de Fabricis, Petro de Argentesio, Stephano de Montilio, Johanne Tricodi, Johanne de Albia, Johanne de Varey, Guichardo Parpillionis (1) et Francisco de Vergeyo, canonicis dicte ecclesie Sancti Nicetii Lugd., capitulantibus, dictus Franciscus de Vergeyo, ad sancta Dei euvangelia, libro tacto, et eciam ad sacras reliquias, manu sua tactas, juravit et prestavit juramentum prestari solitum a novis canonicis dicte ecclesie et legens formam ipsius juramenti juravit, prout in forma ipsius juramenti solita continebatur et continetur in hunc modum : « Audite canonici Sancte Marie Sanctique Nicetii Lugdun. qui ad hanc *convenientiam* vocati estis, non ero consentiens ut a communione fratrum canonicorum ecclesie Sancti Nicetii bona sua modo aliquo extrahantur vel alienentur, que nunc tenent vel acquisituri sunt Domino concedente, nec in canonicum vel clericum aut familiarem mittam manus violentas, privilegia, libertates ecclesie concessa et concedenda et statuta pro posse meo observabo et ero fidelis domino archiepiscopo et ecclesie Lugdun. et sacriste ecclesie Sancti Nicetii predicte, et hec promitto super has reliquias et super hec sancta Dei euvangelia manu propria tacta firmo (2) et facere capam ad requisitionem capituli. » Et incontinenti capitulum eundem requisivit ut eandem capam faceret, qui respondit se loquturum cum patre suo et facturum bonam voluntatem capituli. Datum ut supra. Ita est Franciscus de Vergeyo. Ita est, referente predicto domino Francisco presente et ipso signante, G. FORMICE. (*Arch. du Rhône. — Actes capit. de Saint-Nizier*, *f°* *3*.) — V. aussi premier inventaire du trésor, p. 11, article 93 ; second inventaire, p. 19, article 77.

(1) Anno Domini millesimo CCC^mo XXXVIII, die... (3) mensis octobris, extitit ordinatum poni et scribi in presenti papiru omnia acta, registra, arresta, statuta et ordinationes facta et factas a proximis

(1) A la suite le nom biffé : Ludovico Albi.

(2) Suivent les mots biffés : et facere capam infra tres menses.

(3) Blancs dans le texte.

tenté de dater la plupart de ces étoffes de la première moitié du XIVe siècle, et de conclure que les draps somptueux dont les ors étincellent lors des grandes réjouissances ne sont que de simples draps mortuaires (1).

Comme on le sait, d'ailleurs, les cérémonies funèbres étaient le grand luxe de gens de toutes conditions au moyen âge, et la pompe de ces cérémonies hantait tellement l'imagination que des vivants ne résistaient point au désir d'assister à leurs propres funérailles, et, jouant au mort, se mettaient au cercueil dans une chambre ardente,

---

temporibus citra, in capitulis ecclesie Sancti Nicecii Lugd. et que decetero in eisdem capitulis fieri continget; quequidem omnia signabuntur et grossabuntur, cum opus fuerit per nottarios qui ea receperint, prout infra, aut sub sigillo capituli, prout in capitulis futuris fuerit concordatum.

Anno quo supra, die Martis post festum omnium Sanctorum, videlicet IIIa die novembris, continuata et prorogata a die crastina festi nativitatis beate Marie Virginis nuper lapsi, qua die consuevit teneri capitulum generale, fecerunt statutum dictum capitulum quod nullus laïcus, exceptis principibus et baronibus, ex nunc, videlicet corpus laïci, tam maris quam femine, possit poni infra chorum ipsius ecclesie, nisi supra corpus suum apportetur pannus vel panni sirici, saltim valentes X flor. auri, qui ecclesie debeant remanere, presentibus dominis sacrista, Jo. de Fabricis, J. Ducis, Jo. de Albia et Jo. de Varey, canonicis, coram d. St. de Aurigniaco, notario, presentibus domino, Jacobo Varruquerii, capellano perpetuo et... (1) clerico dicti domini Jo. de Albia, testibus, etc. (*Ibid.*, fo 2.)

(1) Notamment ces cernes ou cercles de colombes et d'animaux divers dont on ne trouve pas moins de cinq mentions sous les nos 59 à 63, page 8.

(1) Le chapitre tirait encore un important revenu de la location de ses draps, location consentie à un prix assez élevé. V. ci-après, p. XI, note 3, *in fine*.

se faisaient porter à l'église et après les prières revenaient prendre part au repas funèbre avec leurs amis (1).

C'était donc là une source de revenus importants pour les églises (2), revenus consistant en étoffes précieuses, en cire, si abondante qu'on devait procéder à de nombreuses fontes dans l'année (3), en argent, quand encore ne s'ajoutait pas le lit complet du défunt (4). S'il fallait chercher une preuve de l'importance de cette ressource on la trouverait dans les comptes même du Chapitre, de 1346 à 1348, comptes qui nous donnent les listes des décès de la paroisse; mais ces listes permettent de constater un fait plus intéressant peut-être, les ravages causés par la grande peste de 1348.

---

(1) V. dans du Cange, *V° Funeralia*, un exemple d'une cérémonie de ce genre, en 1327, pour un consul de Toulouse.

(2) Ces revenus étaient même si importants qu'un des plus gros griefs du chapitre métropolitain contre les Lyonnais révoltés en 1270, est le mot d'ordre donné pour la simplicité des funérailles : « Item fecerunt statuta quod nullus civis, in morte, habeat pannum sericum super se, in odium ecclesiarum, et istud servant ad unguem, archiepiscopo hoc sciente. (Ménestrier, *Histoire consulaire*, preuves, Tractatus de bellis et induciis, p. 10.)

(3) En 1348, un seul enterrement rapporta à l'église Saint-Nizier 104 livres de cire : Item fuerunt venditi IIII cerei et candele sepulture Andreveti de Chaponnay, qui ponderaverunt centum et IIII libras et fuit vendita quelibet libra II s. I d. Tur., summa X lb. XIIII s. VII d. Tur., valent ad Vien. XIII lb. VIII s. II d. et ob.

It., recepi a liberis predicti Andreveti, pro pagno aureo II flor. (*Act. cap. comptes, f° 91.*)

(4) V. les pièces relatives au règlement des sépultures à Lyon en 1390, *Cartulaire municipal de la ville de Lyon,* publié par M. C. Guigue, Lyon, 1876, pp. 206, 227, 230.

Avec ces différentes listes on peut établir le tableau suivant :

*Tableau des sépultures de la paroisse de Saint-Nizier.*

| | 1346 | 1347 | 1348 |
|---|---|---|---|
| Janvier. . . . . . . | » | 8 | 5 |
| Février. . . . . . . | » | 10 | 7 |
| Mars . . . . . . . . | » | 12 | 8 |
| Avril . . . . . . . . | 4 | 14 | 12 |
| Mai. . . . . . . . . | 6 | 21 | 43 |
| Juin. . . . . . . . . | 7 | 14 | 63 |
| Juillet . . . . . . . | 1 | 19 | » |
| Août . . . . . . . . | 4 | 15 | » |
| Septembre . . . . . | 7 | 23 | » |
| Octobre . . . . . . | 3 | 6 | » |
| Novembre. . . . . | 7 | 8 | » |
| Décembre . . . . . | 3 | 4 | » |
| | 42 | 154 | 158 |

Ces chiffres donnés, on peut calculer approximativement la population de la paroisse Saint-Nizier, en se basant, soit sur le nombre des décès des neuf derniers mois de 1346, soit sur celui de l'année 1347. Si on adopte le chiffre moyen des décès constaté en France de 1802 à 1858, c'està-dire de 1 décès par an sur 41 habitants (1), on aura en 1346

$$\frac{42}{9} \times 12 = 56 \times 41 = 2.296 \text{ habitants}$$

en 1347 :

$$154 \times 41 = 6.314 \text{ habitants.}$$

Mais si on rapproche les chiffres des décès des trois premiers mois de 1347 de ceux des trois premiers mois de 1348 ; si l'on constate que, cette même année 1347, le chiffre des décès, de 23, en septembre, retombe brusquement à 6, en octobre, et qu'aux chiffres donnés pour les mois d'avril à septembre correspondent en 1346 des chiffres qui en sont à peine ou le tiers ou le quart, on peut conclure que le nombre des décès en 1347, pour une cause qui est peut-être la famine (2) a été anormal, partant le calcul de la population de la paroisse de Saint-Nizier devrait être fait d'après le nombre de décès de 1346. Le chiffre de 2.296 habitants, qui nous est ainsi donné, semble d'ailleurs correspondre à ce que nous pouvons savoir sur ce quartier de Lyon au XIVe siècle. C'est donc de ce nombre qu'il conviendra de déduire le nombre des victimes de la peste.

La peste noire décrite par Boccace, la peste à bubons de Guy de Chauliac, épidémie contre laquelle les médecins ne trouvaient d'autres secours que les prières à Dieu et des

---

(1) Je crois devoir adopter ce chiffre de 41 bien qu'il puisse paraître un peu élevé pour la période dont il s'agit, parce que d'une part les décès d'enfants sont souvent omis, et que, d'autre part, un certain nombre de sépultures faites dans les couvents ne sont certainement pas mentionnées. Il n'est d'ailleurs possible de calculer que des probabilités.

(2) La récolte de 1346 avait manqué c'est du moins ce qui ressort du compte du receveur. V. p. XVI la note relative à la dîme de Joyeux.

mesures d'hygiène presque semblables à celles qu'on nous prescrit de nos jours, y compris l'usage de l'eau bouillie (1), fit son apparition à Lyon les premiers jours de mai 1348.

Le 2 de ce mois on trouve en effet le décès d'Etienne *Occerii ;* le 7, celui de sa femme ; le 8, celui de Pierre Occerii, non autrement désigné, mais qui semble bien être de la même famille, sinon habitant de la même maison. Le nombre des enterrements ne laisse d'ailleurs plus aucun doute sur la présence du fléau. Le 15, cinq enterrements, contre les chiffres de six pour tout le mois de mai 1346 et de vingt-un en 1347. Malgré la sécheresse de ce chapitre de compte il est possible de constater que des familles entières furent emportées. A la fin du mois on arrive au chiffre de quarante-trois décès, vingt-deux d'hommes, dix-neuf de femmes, deux d'enfants en bas-âge; du 1er au 27 juin, soixante-trois décès : quinze hommes, quarante-sept femmes, un enfant en bas âge. Ici s'arrêtent les listes, il semble que les procureurs du Chapitre aient renoncé à les dresser, tous deux furent d'ailleurs bientôt victimes du fléau ; mais, du compte sommaire rendu le 23 septembre on peut encore dégager quelques chiffres. Dans ce compte on lit en effet que par suite du décès du procureur Aymon Mégicier, son collègue Jean de Fabricis, commença à tenir registre des sépultures le 13 août, registre arrêté le 19 du même mois par sa mort, et dans cet intervalle de sept jours il perçut de ce chef 83 florins d'or et 15 sous tournois (2). Le prix moyen payé à l'église par enterrement étant de 2 florins

(1) Cf. Olivier de La Haye, *Poème sur la Grande peste de 1348*, Lyon, Georg, 1888. — Luce, Froissart, t. IV, pp. XXXVIII, 100.

(2) V. ci-après, p. 59.

et demi, ce chiffre de 83 florins correspondrait à trente-trois décès.

Plus loin le sacristain, le chef du Chapitre, reçoit pour les funérailles, du 19 août au 22 septembre, 198 florins, 10 deniers et 50 sous viennois (1), ce qui nous donnerait en comptant toujours la somme plutôt élevée de 2 florins et demi par enterrement un nombre d'au moins soixante-dix-neuf décès.

Enfin il semble que le chiffre de 321 florins, 11 deniers (2) dont rend compte le chanoine Jean de Vergy, pour l'administration de Jean Mégicier du 27 juin au 13 août, doive aussi s'appliquer aux sépultures, ce qui nous donnerait entre ces deux dates, le nombre d'au moins cent vingt-huit enterrements, d'où un total de trois cent quarante-six décès du 2 mai au 23 septembre. Près du sixième de la population en moins de cinq mois.

Et le 27 octobre, le sacristain et Jean de Vergy, déposaient sur la table du Chapitre, en deniers à l'écu, en deniers au pavillon, en doubles, en royaux, en agneaux, en anges seconds, en lions, en couronnes, en florins, la somme de 588 florins d'or, 4 deniers, une obole. Combien de vies représentées par cet or, étant donné surtout le chiffre modique des autres revenus du Chapitre (3).

---

(1) V. p. 59.

(2) V. p. 58.

(3) *Recettes du Chapitre de Saint-Nizier, du 4 avril au 29 octobre 1346.*

Magne sepulture LXI l. XIIII s.

Parve sepulture IX l.

Apertiones plotorum LIIII l. XII s. VI d.

Fondute cere XXIIII l. XIII s. V. d. ob.

Receptiones patronatuum pro termino synodi XXIIII lb. V. et XIIII flor.

Bien qu'on soit loin des cinquante mille décès de Paris des seize mille de Saint-Denis, des deux cents par jour de Londres, on peut encore conclure que si Froissart a quelque peu exagéré quant au chiffre, il n'a fait pourtant que traduire l'impression de vide et d'isolement que durent

---

Receptiones patronatuum synodi beati Luce XXIIII l. et XIIII flor.

Locationes domorum VII lb. VII s. V.

Receptio pecunie sigilli curie Lugd. XXIX lb. V.

De servicio peroni? de tribus annis VI lb. XV s.

Decima de Joyeu dicto anno fuit adcensata XVI cim asinatas siliginis ad mensuram Lugd. sine coponibus, de quibus recepi XII cim asinatas, residue IIIIor asinate fuerunt, contemplacione sterilitatis, remisse dicto Alescoffier de Joyeu, censerio, precio septem florenorum, quos computat in recepta.

*Du 29 octobre 1346 au 8 avril 1347.*

Sepulture...

Apertiones plotorum et arche beate Marie de Ruta Nova XXXVI lb. XI s. V.

Fondute cere...

. . . . . . . . . . . . . . . . . . . . . . . . . .

Summa vero totalis receptorum est ut supra IIc XXIX lb. XIX s. ob. V. et X flor.

*Du 8 avril au 25 août 1347.*

Summa totalis omnium predictorum receptorum in pecuniam CXVI lb. VI s. VIII d. ob. V. predicte monete, cujus quinque solid. valent IIII solid. Tur., valent ad. flor. LXXIIII flor. X d. ob. gros. et V d. ob. Vien. predictorum. Summa totalis omnium receptorum ad flor. CXLVI flor.

Item computat quod ipse pro resta sui precedentis computi remanxerat debens ecclesie in pecunia viginti novem libras decem et octo sol. et novem denar. cum ob. Vien. de moneta cujus XXIX solidi valent unum flor. et sic valent ad florenos XX florenos et octo denar. grossor, Tur., de quibus cadunt XIIII flor. debiti per curatum Sancti Desiderii, qui remanent ecclesie ut in illo computo precedenti continetur et sic restat

éprouver les survivants, et on pourra continuer à dire avec lui, en parlant de la peste de 1348, « en ce temps par tout le monde généralment, une maladie que on claime épydimie couroit, dont bien la tierce partie dou monde morut ».

A cette détermination de la date du 30 avril au 1er mai, à laquelle apparaît la peste de 1348 dans la paroisse de Saint-Nizier de Lyon, date qui peut être de quelque utilité pour l'histoire de ce fléau ; à ces conclusions plutôt négatives qui paraissent se dégager des textes : que les draps d'or et de soie portés à l'inventaire du trésor sont vraisemblablement moins anciens qu'on pourrait le supposer au premier abord ; que ces draps de fête de l'église sont,

---

de dictis viginti florenis et octo denariis grossor. dictus Aymo salvum restum sui precedentis computi, debet ecclesie pro alio precedenti computo VI flor. V gross.

Summa totalis omnium predictorum, redditis omnibus moventis (*sic*) ad florenos, XI$^{xx}$ XIII flor. VIII d. ob. gross. cum quinque d. et ob. Vien.

*Du 25 août au 22 décembre 1347.*

Summa totalis omnium predictorum receptorum VI$^{xx}$ VIII lb. VIII s. IIII d. ob. Vien. et VIII$^{xx}$ XIII flor. I d. ob. gross.

*Du 22 décembre 1347 au 5 avril 1348.*

Summa totalis omnium predictorum receptorum, ad florenos II$^{c}$ VI flor. X d. gross. et bone monete XXXIII lb. XVIII s. IX d. V.

*Du 5 avril au 29 juin 1348.*

Summa totalis receptarum et arreragiarum a die proxima precedentis computi, que fuit quinta die mensis aprilis, anno Domini M° CCC° XLVIII, usque ad diem penultimam junii inclusive, in flor. IX$^{xx}$ XV flor., XI gross. cum dimidio, et in pecunia VII$^{xx}$ VIIII lb. XIX s. VIII d. ob. Vien., inclusis XXXII flor. XI d. ob. gross., minus duobus de parvis, quos restabat debens in cumputo preced. ; constat de rasura IX$^{xx}$ XV. ODO JORD.

pour la plupart, des draps de deuil; que la population de Lyon, pour cette paroisse, était, en 1348, peut-être moins dense que ne le ferait croire l'importance de la cité; enfin, que le nombre des victimes de la peste est peut-être moins considérable que le laisse entendre Froissart, on pourrait ajouter, par le rapprochement de quelques documents, un essai de détermination de ces brodeurs de Vierges et d'emblèmes chrétiens à cachet oriental (des juifs, peut-être, des environs de Lyon ou d'Avignon); des définitions d'objets, comme le texte, *textus, jocale vocatum textio* (1), la *palla,* que l'inventaire traduit par « braies de l'autel »; des explications sur des termes d'art et sur les diverses monnaies en cours; une digression sur la vie de famille qui se laisse entrevoir, pour qui sait lire, dans ces comptes des sépultures qui ne sont rien moins que notre plus ancien registre de l'état civil de Lyon, mais ce dernier titre, à lui seul, suffit peut-être pour justifier la publication de textes qui, suivis d'une table, peuvent se passer de commentaires.

(1) *Récits de la guerre de cent ans, les Tard-venus*, p. 63, note 1.

# INVENTAIRE

DU

# Trésor de Saint-Nizier de Lyon

I

## *Inventaire de juin 1365, rectifié en 1373* (1)

Anno Domini M° (CCC LXV, mense junii) *CCC LXXII die V mensis februarii*, fuit factum inventarium jocalium, vestimentorum, ornamentorum, reliquiarum, calicum et aliorum bonorum ecclesie Sancti Nicetii Lugd. per (dominum G. Penneti, tunc procuratorem ipsius ecclesie) *dominos sacristam et capitulum dicte ecclesie, per modum infrascriptum, que omnia fuerunt tradita per beneficium inventarii domino Humberto du Seys, presbytero, curato de Jauceron, presenti et acceptanti, qui est deputatus per dictos dominos ad custodiendum bona infrascripta, que tenebitur reddere dum fuerit requisitus, vel dicere causam quare non poterit restituere, et capiet pro labore suo super ecclesiam III flor. auri et librat[ionem] suam integram et raubas canonicorum novorum et juravit bene et fideliter omnia bona servare ad utilitatem ecclesie, presentibus domino G. Pelati, capellano perpetuo, et Stephano Rosset, clerico in dicta ecclesia. Ita est.* P. GAL.....

### PRIMO DE VESTIMENTIS ALTARIUM

1. Primo, unum par vestimentorum munitorum, infula, dalmatica et tunica auri meliora.

---

(1) Les mots en italiques sont en surcharge dans l'original ; ceux entre parenthèses sont biffés.

2. Item, unam dalmaticam et unam tunicam panni sirici indi coloris vel quasi, bonas, nuper emptas.
3. Item, unam infulam, unam capam, II dalmaticas et II tunicas panni sirici boni, similis coloris magis fortis.
4. Item, unam infulam, dalmaticam et tunicam viridis coloris, non tamen unius consequentie, quia in infula nichil est auri; in aliis autem sunt quedam rotonditates auri et sunt competentes.
5. Item, alia ejusdem nature vestimenta rubea boni panni, ab infra duplicata (sandati nigri) *de tela* (1) *indi coloris*, cum suis orfresiis (ab utraque parte) bonis.
6. Item, similia vestimenta alba, ut supra munita, bona.
7. *Item, similia vestimenta nigra, fourrata de tela viridi et rubea.*
8. Item, unam infulam rubeam, cum suis dalmatica et tunica rubei et viridis coloris contextis, forratis de tela de perco.
9. Item, unam infulam nigram de veluto, virgatam de rubeo et croceo, cum suis dalmatica et tunica coloris violeti, cum diversis floribus contextis.
10. Item, alia vestimenta alba, prava, pro festis virginum et confessorum, *fourrata de tela rubea, salva casula que non est fourrata.*
11. Item, alia vestimenta rubea pro martiribus minoribus.
12. Item, unam aliam infulam, sine fourratura, rubeam.
13. Item, unam aliam infulam rubeam cum leonibus albis et aliis coloribus permixtis, *que est in capella Sancti Johannis.*
14. Item, aliam infulam viridem, a parte anteriori ruptam.

---

(1) A la suite le mot *rubea* biffé.

15. Item, unam mitram albam cum perlis et XII$^{cim}$ alie.
16. Item, unam aliam infulam nigram pro annuali.
17. *Item, unam aliam novam quam fecit fieri P. del Nevro.*
18. Item, unam aliam nubentem pravam, *pro quadragesima.*
19. Item, unam infulam pro altari Beate Marie.
20. Item, unam aliam pro altari Sancte Crucis.

### SECUNTUR STOLE

21. Primo, unam stolam cum manipulo, contextam fili auri et argenti cum ymaginibus, pro magnis festivitatibus.
22. Item, duas alias stolas bonas *et duos manipulos albos novos cum filis et floribus de serico, fourratos de cendato rubeo.*
23. Item, duas alias stolas (rubeas) *nigrâs* bonas, cum quadam zona pulchra polimitti pro sacerdote *et duos manipulos nigros.*
24. Item, tres manipulos (quorum duo rubei et alter indi coloris, cum ymaginibus pravis) *rubeos et plures alios pravos.*

### SECUNTUR ALBE

25. Primo, una, cum paramento panni aurati cum ymaginibus pulcherrimis.
26. Item, una alia alba cum paramento rubeo, cum bestiis, quarum capud, pedes et circa alas deaurata sunt.
27. Item, una alia cum paramento deaurato cum avibus volantibus.

28. Item, una alia cum paramento sirici nigri, cum papa, duobus episcopis et duobus capellanis ante et retro.

29. Item, una alia cum orfresio, pro (1) thurificando in magnis festivitatibus.

30. Item, una alia subtilis, cum quibusdam frondibus et avibus.

31. *Item, una alia parata de cendato nigro.*

32. Item, (numero XXVI) alie sine paramento tam bone quam prave *numero XIX et III rochetos quorum unus est bene subtilis.*

33. Item, numero (VII) *VIII* pro clericulis, tam bonis quam pravis.

34. *Item, II pro clericis et II magne que erant penes li Lonne, tempore inventarii.*

35. *Item, una parva toallia, in capitibus deaurata, pro crismate portanda.*

36. Item, (quatuor amictus paratos bonos) *octo amictus paratos bonos et plures alios pravos qui serviunt cotidie.*

37. *Item, duos amictus bonos qui erant penes li Lonne, tempore inventarii.*

38. (Item, unum alium paratum).

39. Item (XIII) *decem* numero non paratos.

40. Item (XI) *IIII*^or^ colaria (2) diversorum colorum *panni cerici deaurati.*

41. (Item, tria paramenta pro amictibus, diversorum colorum).

---

(1) A la suite les lettres biffées *insen*, probablement commencement du mot *insensendo*.

(2) Du Cange, v° *colare*, cite les actes capit. de Saint-Jean de Lyon, de l'année 1340, f° 64, registre actuellement en déficit.

42. (Item, unum par paramentorum albe, sirici rubei coloris).
43. Item, duo vexilla magna de sandato rubeo, *cum ornamento dicto celum ad portandum corpus Domini die eucaristie.*
44. Item, unum magnum lintheamen ad sepeliendum crucifixum in XL^a^ *et unam longam toalliam ad ponendum supra picturam sancti Annemundi ante crucem.*
45. (Item, XXIIII palle seu toaille benedicte pro altaribus Majori, Sancte Crucis et Anniversarii).
46. *Item alie tele ad parandum chorum.*
47. *Item, una custodia de corio rubeo, pro capsia que est supra majus altare.*
48. Item, capucia de tela ad cooperiendum cassias ubi reliquie sanctorum requiescunt.
49. (Item, IX archas tales quales).
50. (Item, duos parvos cofres viridis serratos).

SECUNTUR PANNI DE SERICO

51. Primo, unus pannus aureus cum bestiis et avibus extraneis, bonus.
52. Item, unus pannus de serico, deargentatus, interlineatus viridis et rubei coloris cum quibusdam rosis permixtis, bonus.
53. Item, duo panni de sirico, coloris indi, cum canibus albis ac grifonibus et aliis bestiis auri, boni.
54. Item, unus pannus de serico quasi rubei coloris, cum leonibus et citacis (1) viridibus, habentibus capita et pedes deaurati, bonus.

---

(1) Cette lecture est incertaine, peut-être faut-il lire *cicutis*.

55. Item, duo panni quasi coloris rubei, cum foliis vinee viridibus, cum leopardis et pavonibus auri.

56. Item, unus pannus rubeus, cum foliis vinee viridibus et leopardis auri, deletis.

57. Item, unus pannus rubeus, cum rotis foliatis, cum pavonibus ipsius coloris, habentibus capita et pedes deaurati, bonus.

58. Item, unus alter consimilis coloris, cum signis ad modum cordium et cum leopardis ejusdemmet coloris cum pedibus et capitibus deauratis.

59. Item, duo panni virides, cum columbis et aliis bestiis ad modum cerne, coloris subrubei, cum capitibus et pedibus deauratis.

60. Item (unus pannus subrubeus), duo panni subrubei cum avibus et bestiis ad modum cerne viridibus, cum capitibus et pedibus deauratis.

61. Item, alter pannus consimilis tam in colore, quam in avibus et bestiis.

62. Item, unus alter pannus, viridis coloris, cum avibus et bestiis consimilibus precedentibus, deauratis, antiquus.

63. Item, unus alter pannus quasi rubeus cum avibus et bestiis, consimilibus, coloris perci.

64. Item, duo panni indi coloris, veteres, cum canibus albis et cum arboribus et foliis deauratis.

65. Item, duo panni aurei, veteres, cum ymaginibus beate Virginis filium suum amplexantis.

66. Item, duo alii de sirico, albi, cum rosis viridibus et cordibus deauratis, cum modico colore violato.

67. Item, unus pannus rubeus, cum castris croceis, cum cervis et canibus et aliis, arboribus et foliis albis.

68. Item, duo panni rubei cum stellis croceis et rosis albis.

69. Item, unus pannus croceus, cum ymaginibus beate Virginis parientis, ejus filii pannis involuti et aliarum mulierum.

70. Item, unus pannus, similis coloris, continens ymagines passionis Christi.

71. Item, unus pannus coloris violeti, cum Alexandro rege et duobus griffonibus albis.

72. Item, unus pannus alter, vetus, cum colubribus seu serpentibus viridibus.

73. Item, unus pannus subrubeus, bordatus, in capitibus suis, barris albis et viridibus.

74. Item, unus pannus subrubeus cum rotis albis et serpentibus infra conligatis albis.

75. Item, unus pannus violatus, cum aquilis albis, vetus et nullius valoris.

76. Item, duo parvi panni ad arma Francie.

77. Item, unus pannus, vetus, diversorum colorum, cum leonibus rampantibus, nullius valoris.

78. Item unus pannus albus, qui est P. de Hugoneria, pro capa sua.

79. Item unus pannus quem dedit Jac. apothecarius, cum grifonibus auri, viridis et indi [coloris].

80. Item, unus pannus qui est Jo. Rat, pro capa sua, rubeus, cum papag[allis] viridibus.

81. Item, due sargie rubee pro anniversariis, bone.

82. Item, una alia que est modici valoris.

83. Item, una bona de tancto, quam dedit Jac. especiar[ius].

Somma pannorum qui remanent in thesauro, una cum illo anniversarii, XXXIII boni.

84. Item, due custodie ad reponendum corpus Christi,

quarum una est deaurata, rotonda, et alia quadrata cum duobus lapidibus de cristallo, nova.

85. Item, una alia custodia argenti pro infirmis communicandis.

86. Item, (sex) *octo* calices, quorum tres sunt deaurati, (et tres) v argenti plani et quorum unus deauratorum est sine patena, et isti sunt in archa cum duabus custodiis predictis. De quibus fuit sublatus unus argenti sine patena, ponderis VI unc. et IX d. pro reficiendo thuribulum argenti. Et unus calix cum patena argenti quem legavit dominus Benedictus, curatus de Plateria Lugd., pro anniversario suo ; iste calix fuit venditus pro emendo V sol. pro anniversario suo.

87. Item, IIII^or^ qui serviunt cotidie, unus videlicet major majori altari et alter altaribus beate Marie et Sancte Crucis et anniversarii, et alius in capella Sancti Johannis, et reliquus altari Sancti Michaelis, de gracia speciali.

Qui calices predicti remanentes fuerunt redditi per dominum G. Penneti in capitulo, die qua dominus B. Chaleya fuit procurator constitutus.

88. Item, XIX palle seu toallie competentes et bone et IIII minores et prave, que sunt in thesauro, et VI que serviunt altari majori, beate Marie et anniversarii ac Sancte Crucis, cum una alia plantata que vocatur *brayes*.

89. Item, bone que sunt in archa inferiori pro majori altari, videlicet due minores de tela alba cum quibusdam polimitationibus de filis rubeis et due alie meliores, quarum una est de tela subtili parata ad modum corporalium et alia est de serico cum

filis auri, quam dedit dicta li Barbiera cum una parva toallia ad serviendum capellano in altari cum corporalibus suis.

90. Item, unum orfrezium novum cum diversis capitibus ad ponendum ante altare, cum sua toallia ad quam est consutum.

91. Item, una custodia de serico ad ponendum corporalia, in qua erant duo paria corporalium.

92. Item, unum coopertorium de serico ad cooperiendum calicem in magnis fest. cum toallia de serico ad parandum administrationem corporis Christi supra altare de retro.

93. Item, unum orfrezium novum pro capa domini Johannis dicti Rat, concanonici nostri, cum uno parvo orfrezio ad idem.

94. Item, duo magna missalia et sex coyssinos bonos et honestos pro magno altari, exceptis illis qui serviunt cotidie.

95. Item, due alie parve toallie albe ad ponendum super altare subtus missale in utroque cornu altaris, in fest. s. et duplici[bus].

96. Item, due alie meliores ad idem, que ponuntur in magnis festivitatibus.

97. Item, unum alium missalem quem dominus sacrista custodit.

98. Item, unum textum ad portandum, quando dicitur euvangelium, cum suo coyssino.

99. Sequitur numerus caparum in summa, que remanent in archa caparum, tam bone quam inferiores XXVII.

100. Item, que remanent in armario matricularii pro anniversario, tres.

101. Item, pro festivitatibus grosse campane et dominicarum, tres.

102. Una cum VI libris dictis offis, duobus responsoriis et uno breviario, quod habet dominus Bernardus et uno alio quod habet dominus G. Penneti et (uno alio quod habet Plumet, et uno alio quod habet Goyart).

103. Item, unus alius liber officiorum grossus.

104. Item duo libri euvangeliorum ; item, unum epistolarium ; item, IIII^or libri prosarum ; item, unus quaternus responsoriorum pro clericulis.

105. Item, liber ubi legitur letania ; item, duo libri ad baptizandum ; item, liber usuum cum postibus ad cantandum pro clericulis.

106. Item, duo libri biblie ; item, unum personarium et unum alium vetus personarium ; item, librum omeliarum.

107. Item, reliquie que sunt in armario : capud sancti Dionisii, brachium sancti Annemundi, crux nigra, ymago beate Marie de alabastro cum multis aliis reliquiis parvis, cum multis aliis crucibus parvis et modici valoris et cum platello offertoriorum et duobus aque benedictoriis et quatuor candelabris et duobus bancheriis in capitulo, et uno tapiz cum tabula seu archa ad revestiendum, et uno bancho de capitulo et uno armario in capitulo cum serratura, cum patella pro carbonibus, cum libro prime.

108. Item, in thesauro VI arche et unum coffretum ferratum ; item, inferius in ecclesia due arche ; item, una archa in domo domini Jo. de Malomonte ; (item una alia archa in domo domini G. Penneti, habet unum breviarium) ; item, unus coffretus

longus et strictus continens quasi unam cupam bladi, penes dominum Jo. Hubaudi, et unum librum antiquum omeliarum.

109. Item, in thesauro, VIII pecie tele, quelibet quasi unius ulne vel quasi, que venerunt cum parvis mortuis.

110. Item, una alia parva pecia de boucacin, que remansit de fourratura vestium alborum.

111. Item, una alia toallia longa ad faciendum mandatum, et una alia que est penes sacristam, que fuit domini P. Buiss..

112. Item, XII pecie de cendato rubeo. Item, una pecia cendati nigri integra et una parva pecia cendati nigri.

113. Item. duo capita ymaginum de paramento majoris altaris, remanentium ad faciendum paramenta unius changii melioris.

(Omnia ista sunt tradita per me, de mandato capituli, Jo. HUBONT.)

Omnia suprascripta in istis duobus foliis sunt inferius subsequenter specifice contenta et confessata per habentes, ut patet infra.

*(Archives du Rhône. — Actes capitulaires de Saint-Nizier, ff. LIX-LX, 56 et 57 du foliotage actuel).*

## II

### *Inventaire de 1373*

In nomine Domini. Amen. Noverint universi nos Martinum de Ulmo, sacristam, et capitulum ecclesie beati Nicetii Lugdunen., ad sonum campane more solito in nostro capitulo congregatos, die quinta mensis februarii, anno Domini M° CCC° LXXII°, in quo eramus, nos Martinus prelibatus sacrista, Johannes de Malomonte, cantor, Johannes Fornerii, Guillermus Guitardi, Johannes Hubont, Guillermus Penneti, Nicholaus Bonefidei et Romanus Condamini, canonici dicte ecclesie capitulantes et de negociis dicte nostre ecclesie tractantes pro utilitate et commodo evidenti ejusdem ecclesie, statuisse et statutum fecisse quod, decetero, quamdiu nobis et nostris in dicta ecclesia successoribus placuerit, sit in dicta ecclesia unus thesaurarius qui habeat custodire omnia et singula bona et jocalia, pannos de serico et vestimenta sacerdotalia ipsius ecclesie et qui habeat ipsa ministrare matriculario ejusdem ecclesie, quociens fuerit opus, et de hiis que per inventarium receperit requisitus computum reddere et, si quod amissum fuerit, resarcire.

Ad quodquidem officium exercendum et gubernandum dicta bona de quibus supra in proximo precedenti primo et secundo foliis est facta specialis et expressa mentio elegimus discretum virum dominum Humbertum du Seys, in dicta nostra ecclesia capellanum et curatum ecclesie parrochialis de Jauceron Lugd. diocesis, qui, in presentia notarii subscripti ac domini Guillermi Pelati, capellani perpetui et Stephani Rosset, clerici ejusdem ecclesie, pro testibus ad hec vocatis et rogatis, onus dicti officii in se sponte suscepit et de hiis que sibi tradita fuerint, per suum prestitum ad sancta Dei euvangelia juramentum et sub obligatione omnium et singulorum bonorum suorum, promisit reddere bonum et fidelem compotum et ea bene et fideliter ministrare et servare ad utilitatem ejusdem ecclesie.

Et deinde commisimus ad faciendum inventarium dictorum bonorum dominis Johanne Hubont et Guillermo Penneti, canonicis supradictis, sibi astante domino Guillermo Pelati supradicto, presente etiam supradicto domino Romano, canonico et procuratore nostro et ecclesie supradicte, qui inventarium fecerunt de dictis bonis prout superius sunt lacius declarata et inferius per summas specificata.

Primo, secuntur bona que sibi, videlicet domino Humberto, fuerunt tradita ad custodiendum et ministrandum.

1 In summa de pannis de serico, tam deauratis quam non, boni et integri panni xxxiii.

2. Item, unus pannus bonus cum leopardis et grifonibus deauratus, qui fuerat furatus per Cabornier.

3. Item, unus alius pannus consimilis qui fuerat furatus per eundem.

4. Item, unum par vestimentorum munitorum infula, dalmatica et tunica auri meliora.

5. Item, unam dalmaticam et unam tunicam de panno de serico indi coloris vel quasi, bonas, nuper emptas.

6. Item, unam infulam, unam capam, duas dalmaticas et duas tunicas panni de serico consimilis coloris magis fortis.

7. Item, unam infulam, dalmaticam et tunicam panni

de serico, viridis coloris, non tamen unius consequencie, quia in infula nichil est de auro et in tunica et in dalmatica sunt quedam rotonditates auri.

8. Item, alia ejusdem numeri vestimenta rubei coloris, fourrata de tela inda, cum suis orfreys, bonis.

9. Item, alia ejusdem numeri vestimenta alba, bona et nova, fourrata de boquacino, excepta infula.

10. Item, alia ejusdem numeri vestimenta nigra, fourrata de tela viridi et rubea.

11. Item, alia ejusdem numeri vestimenta rubei et viridis coloris contexta, fourrata de tela de perco.

12. Item, unam infulam de veluto, virgatam de rubeo et croceo, pro quadragesima, cum tunica et dalmatica coloris violeti, cum diversis floribus contextis.

13. Item, alia vestimenta alba pro festis virginum et confessorum, fourrata de tela rubea, excepta casula.

14. Item alia vestimenta munita rubea pro festis martirum communium.

15. Item, unam aliam infulam rubeam sine fourratura.

16. Item, unam aliam infulam rubeam cum leonibus albis, que est in capella Sancti Johannis.

17. Item, unam aliam infulam viridem a parte anteriori ruptam.

18. Item, unam infulam nigram, quam fecit fieri P. del Nevro, pro sepultura filie sue.

19. Item, unam infulam nigram pro anniversario, aliam pro altari beate Marie et aliam pro altari Crucis, que serviunt cotidie.

20. Item, unam aliam infulam nubentem, pro tempore quadragesime ; item, tresdecim mitre, quarum una est ornata de perlis albis, que omnia remanent in custodia dicti thesaurarii.

### *Stole cum manipulis*

21. Item, quinque stolas bonas tam filiauratas quam nigras; item, octo manipulos tales prout supra et aliquos rubeos ; que remanent in custodia dicti thesaurarii.
22. Item, plures alios remanentes ad serviendum cotidie; que sunt nullius valoris et remanent in manu matricularii.
23. Item, unam zonam polimitam, antiquam, pro sacerdote et tamen non consuevit servire et remanet absque servitute ?

### *Changia seu albe*

24. Item, septem changia seu albe parata magna.
25. Item, sine paramento, de magnis XXI.
26. Item, de parvis pro clericulis, decem, qui superius clarius sunt specificati.
27. Item, tres rochetos pro aquabenedicta, quarum unus est bene subtilis.

Que omnia remanent in manu dicti thesaurarii ad librandum singulis diebus, prout fuerit opus.

### *Sequitur numerus amictuum qui remanent prout supra*

28. Item, octo amictus bonos paratos et duodecim bonos non paratos, et plures alios pravos qui serviunt cotidie.

*Sequitur numerus collariorum*

29. Item, quatuor collaria bona panni de serico diversorum colorum pro dominis et plura alia pro servitoribus.

30. Item, que remanent in thesauro duo vexilla magna de cendato rubeo.

31. Item, unum aliud paramentum rubeum et croceum cum stellis dictum *cel*, ad portandum eucaristiam per villam, die corporis Christi.

32. Item, unum magnum lintheamen de tela alba ad cooperiendum crucem majorem, tempore quadragesimali.

33. Item, unam longam toalliam ad cooperiendum picturam certaminis sancti Annemundi depicti ante locum de cruce.

34. Item, alie tele longe albe, ad parandum chorum temporibus oportunis.

35. Item, una custodia de corio rubeo ad cooperiendum capsiam novam positam supra majus altare.

36. Item, sunt quedam capucia de tela alba ad cooperiendum capsias in quibus requiescunt reliquie sanctorum, que sunt circa presbiterium.

37. Item, remanet in custodia dicti thesaurarii una bona sargia nova de taneto, quam dedit ecclesie Jacobus dictus Espicier. Et alie habet *li tiracorda* pro anniversariis.

38. Item, remanent in custodia dicti thesaurarii XIX palle seu toallie bone et competentes.

39. Item, remanent in sua custodia quatuor alie toallie seu palle non ita bone.

40. Item, sunt sex alie palle que serviunt altaribus majori, beate Marie et anniversarii ac sancte Crucis cum una alia plantata in majori altari vocata *brayes de l'autar*.

*Secuntur bone toallie que sunt in archa bassa pro majore altari, cujus habet clavem et custodiam dictus thesaurarius.*

41. Primo sunt due minores palle de tela alba cum quibusdam polimitationibus de filis rubeis.
42. Item, sunt due alie palle meliores, quarum una est de tela subtili, parata ad modum corporalium et in ipsius capitibus sunt alie pecie tele polimitate de rubeo cum ymaginibus bene extraneis.
43. Et est alia de filis de serico, cum filis auri intertextis, quam dedit ecclesie dicta li Barbiera, cum duobus paribus corporalium et una parva toallia ad serviendum capellano in missa.
44. Item, unum orfrezium novum ad ponendum ante altare majus, cum diversis ymaginibus Dei, beate Marie et sanctorum, consutum cum toallia sua.
45. Item, una custodia corporalium de serico in qua erant duo paria corporalium.
46. Item, unum coopertorium de serico ad cooperiendum calicem cum uno panno subtili de serico ad tenendum patenam in magnis festivitatibus.
47. Item, erat in dicta archa unum orfrezium novum pro capa domini Johannis Joli, concanonici nostri, cum uno alio parvo orfrezio ad perficiendum dictam capam.

48. Item, duo libri missales, quorum unus novior est notatus.

49. Item sex coyssini de serico, boni et honesti, pro magno altari, exceptis illis qui serviunt cotidie.

50. Item, quatuor parve toallie ad ponendum in altari sub libro missali in utroque cornu in festis duplicibus.

51. Item, unum *teys* seu *teylo* ad portandum quando euvangelium cantatur in magnis fest.

Sequitur numerus caparum que sunt in archa in summa, que remanent in custodia ipsius thesaurarii, viginti septem.

52. Item, habet que remanent in camera thesauri, sex archas ferratas cum seris et unum coffretum ferratum.

*Secuntur ea que remanent in custodia Anthonii dicto lo Rat, manillerii dicte ecclesie, et que confitetur habere et promittit reddere requisitus dictis dominis [de] capitulo vel deputato ab eis, coram me notario subscripto.*

53. Primo, que sunt in armario Virtutum, caput sancti Dionisii argentatum.

54. Item, brachium beati [Annemundi] argentatum, et una magna crux nigra et una ymago beate Marie de alabastro, cum multis aliis parvis et minutis reliquiis et aliis parvis crucibus modici valoris.

55. Item, unus platellus de stagno pro oblacionibus recipiendis.

56. Item, duo aquabenedictoria de metallo et parva campana ad eundum communicatum infirmos.

57. Item, duo candelabra magna pro magnis fest. argentata et duo minora pro fest. minoribus.

58. Item, que sunt in capitulo, duo bancheria depicta in opere, unum schannum, una tabula ad revestiendum cum tapicio veluto.

59. Item, unum armarium cum serratura ferrea et una patella carboneria, et liber prime.

60. Item, habet dictus manilherius, pro anniversario, tres capas veteres modici valoris.

61. Item, pro festis grose campane et pro dominica pro aqua benedicta tres capas meliores.

62. Item, habet sex libros vocatos *offis* et duos alios dictos responsores. Et unus alter liber grossus dictus *offis*.

63. Item, habet duos libros euvangeliorum et unum librum epistolarum et quatuor libros parvos prosarum.

64. Item, habet unum quaternum responsor. pro clericulis, cum duabus parvis postibus ad idem.

65. Item, habet librum ubi legitur letania et duos parvos libros ad baptizandum et librum usuum.

66. Item, habet duos libros in quibus biblia continetur et duos libros dictos personarios, quorum unus est antiquus.

67. Item, habet librum omeliarum pulcherrimum.

68. Item, dominus Romanus, tunc procurator ecclesie, habebat clavem unius arche de camera dicti thesauri, in qua remanserunt seu dimiserunt procuratores precedentes et recepit numerando octo pecias tele albe, quamlibet continentem quasi unam ulnam, que venerunt cum pueris mortuis, videlicet cum cendatis.

69. Item, unam aliam peciam de boquacino albo, que remansit de fourratura vestimentorum alborum novorum de serico.

70. Item, unam toalliam longam ad faciendum mandatum die Jovis sancta.

71. Item, habet duodecim pecias de cendato rubeo, que venerunt cum pueris mortuis et unam cendati nigri cum una parva pecia, que venerunt de eodem, que parva pecia remansit de paramentis nigris que serviunt in quadragesima.

72. Item, habet in dicta archa duo capita contexta de auro que remanserunt de paramento magni altaris ad faciendum paramenta unius boni changii super pugnum in manicis ? que confitetur habere coram me notario.

*Secuntur ea que sunt per domos canonicorum et capellanorum ecclesie*

73. Primo dominus (1) habet unum missalem non notatum et unam magnam mapam, quam dedit dominus P. Papodi.

74. Item, dominus G. Penneti habet unum breviarium notatum.

75. Item, dominus B. Chameleti habet unum aliud breviarium grossum.

76. Item, sunt in choro seu presbiterio ecclesie due arche quarum unius custodit clavem dictus thesaurarius, et alia archa est pro candelis per manillerium reponendis. Item, dominus J. Hubaudi habet unum parvum coffretum tenute unius cupe bladi et unum librum omeliarum antiquum.

77. Item, remanent in choro ad cathenas primo duo

(1) Le nom est sauté.

magni breviarii notati, ante sedes quaternariorum, et duo alii ex aliis duabus partibus, et a parte domini sacriste est unus liber responsoriorum cum psalterio et ab alia parte est unus alius liber parvus responsor., sine pluri.

*(Actes capitulaires de Saint-Nizier, ff.* LXI-LXIII; *ff. 57*$^{bis}$, *57*$^{ter}$, *57*$^{4}$ *du foliotage actuel)* (1).

(1) Ces feuillets arrachés au registre ont été récemment retrouvés.

## III

*Reddition des comptes des trésoriers*

1373-1380

M CCCL XXIII, die lune in festo translacionis beati Benedicti, que fuit XI Julii, dominus R. Condamini, nuper procurator hujus ecclesie, post suum compotum redditum, reddidit claves archarum thesauri in quibus erant calices et custodie argenti et deaurati, de quibus supra fit mentio et reddidit IIII pecias cendati supradicti, quoniam alie fuerunt dispensate ad opus ecclesie et capituli et reddidit v torchias et in cereis ad summam LXX lb. vel circa, in presencia domini M., sacriste, J. Fornerii, G. Guitardi et mei J. Hub., canonicorum ipsius ecclesie, et deinde dicte claves fuerunt tradite domino G. Penneti, tunc procuratori ejusdem ecclesie de novo constituto, ad custodiendum nomine sepedictorum capituli et ecclesie. Ita est Jo. Hubont.

M CCC LXXVII, die VIII Julii, dominus G. Penneti, nuper procurator hujus ecclesie computavit de calicibus predictis et reddidit VII calices cum patenis suis, prout supra designantur, et duas custodes pro corpore Christi et XI pecias parvas cendati rubei de sepulturis puerorum; item duas torchias et de cera operata pro ecclesia circa L lb., que omnia fuerunt tradita domino P. Chaleya procuratori noviter constituto, in presencia domini M., sacriste, J., cantoris et plurium aliorum canonicorum.

Item, sciendum quod de summa predicta dictorum calicum [tres] fuerunt in pignore traditi domino sacriste pro XVII franch. pro facto ecclesie (1).

Die Mercurii in octab. epifanie Domini M CCC° LXXVII° reddidit dominus Petrus de Chaleya, canonicus et olim procurator dicte ecclesie Sancti Nicetii Lugd. quatuor calices cum patenis et duas custodes argenti, quarum una est deaurata et alia argenti albi, que est in presbiterio necessaria ad portandum corpus Christi infirmis. Item, reddit reliquiarium argenti in quo corpus Christi portatur die festi corporis Christi; item, decem pecias cendati; item, remanserunt circa xxx$^{ta}$ libr. cere, presentibus domino cantore dicte ecclesie et G. de Servillia. Ita est. Jo. DE MALOM.

Item, sciendum est quod tres calices (2).

Noverint universi et singuli quod anno Domini M° CCC° LXXVII°, die XXII$^{a}$ mensis Marcii, in capitulo Sancti Nicetii, existentibus et ad sonum campane congregatis, ut moris est, venerabilibus et discretis viris dominis Martino de Ulmo, sacrista, Johanne de Malomonte, cantore, Guillermo Guitardi, Johanne Hubaudi, Guichardo de Serviliaco, Johanne Chayssandi, Guillermo Peneti et Romano Condamini, canonicis, suum capitulum tenentibus et de negociis ecclesie tractantibus, inter cetera unanimiter concensierunt et concordaverunt hinc usque ad unum annum dumtaxat incipient. die dominica proxima veniente, que erit dominica in qua cantabitur in ecclesia Letare Jherusalem, usque ad annum revolutum, quilibet in ordine presbiteratus

---

(1) *A la suite les mots biffés :* et sic computatis ipsis tribus calicibus dictus dominus P. Chaleya.

(2) Mots biffés.

constitutus celebret et celebrare teneatur per septimanas magnam missam ad majus altare successive, secundum quod est antiquior in dicta ecclesia et dominus Martinus, sacrista, debet incipere dominica predicta et alii, sic per consequens ut sunt antiquiores in dicta ecclesia. Est actum et ordinatum inter dictos dominos quod in illa septimana, quando canonicus faciet septimanam suam, per se vel per alium canonicum vel incorporatum, quod tunc libratio cothidiana, que valet XII d. Vien. sibi duplicetur et quod dicta libratio solvatur per procuratorem ecclesie de tribus in tribus septimanis, illis tribus canonicis qui tunc fecerint suam septimanam, quando procurator predicte ecclesie solvet distributiones cothidianas incorporatis capellanis et aliis servitoribus dicte ecclesie et sic ordinaverunt et promisserunt tenere dicti domini bona fide usque ad dictum annum.

Supradictus M. de Ulmo, sacrista, habuit de ecclesia per manum domini G. de Guerrens decem franc. qui remanserant de IIII$^{xx}$ flor. captis in arca thesauri pro mittendo Parisius et hos decem francos habuit in exoneratione dictorum decem septemfranc., presentibus domino G. Leyderii, A. Sage, die XX februarii LXXIX. P. CHALEYA.

(*Archives du Rhône. — Actes capitulaires de Saint-Nizier, tome I,* folio LXIIII, 58).

# LISTES DES SÉPULTURES

DE LA

# Paroisse Saint-Nizier de Lyon

1346-1348

## IV

### *Listes des sépultures de la paroisse Saint-Nizier*

### 1346-1348

*Hoc est computum quem reddunt domini Johannes de Fabricis et Aymo Megecerii, canonici et procuratores generales ecclesie Sancti Nicetii Lugdun., qui procuratores fuerunt constituti quarta die mensis aprilis, anno Domini millesimo CCC° XL^mo quinto, et sequitur valor ecclesie tam in sepulturis quam in aliis rebus supervenientibus usque ad vicesimam nonam diem octobris, anno Domini millesimo CCC° XL^mo sexto, in quo intervallo fuerunt viginti et novem septimane, necnon et expense facte tam ordinarie quam extraordinarie pro ecclesia predicta, usque ad diem supradictam, et est sciendum quod dominus Stephanus de Mirigniaco debet computare de illa ebdomada in qua fuerunt constituti predicti procuratores, prout fuit ordinatum in capitulo, quia dominus Stephanus predictus recepit et libravit usque ad diem octavam dicti mensis aprilis inclusive, que fuit sabbati post festum beati Nicetii, et dicti domini Johannes et Aymo in crastinum, videlicet IX^a die aprilis, inceperunt librare et recipere.*

*Et primo sequntur sepulture.*

### 1346

AVRIL, 7. Primo pro sepultura Katherine de Brango, que obiit VI^a die aprilis, v s.

1346

AVRIL, 8. Item, die sabbati sequenti, videlicet VIII[a] die aprilis, pro sepultura uxoris Johannis Patisserii, XXV s.

— 13. Item, die Jovis, videlicet XIII[a] die aprilis, pro sepultura Guillermete la Genevera, x s.

— 24. Item, die lune post octabas Pasche, videlicet XXIIII[a] die aprilis, pro sepultura famuli uxoris Bertheti Monachi, x s.

MAI, 1. Item, prima die maii, pro sepultura cujusdam pauperis hominis de Cruyseta, XIII s.

— 7. Item, VII[a] die maii, pro sepultura Laurencie, candelierie, x s.

— 8. Item, die VIII[a] maii, pro sepultura fratris tinctorie, que moratur juxta operatorium magistri P. de Montefirmit., v s.

— 8. Item, die lune, ante translacionem beati Nicholai, pro sepultura patris domini Johannis Tricodi.

— 24. Item, XXIIII[a] die maii, pro sepultura Michonii Virbant, LX s.

— 25. Item, die Jovis in festo assencionis Domini, pro sepultura unius pauperis mulieris de ruta Nova, v s.

JUIN, 5. Item V[a] die junii, pro sepultura dicte la Richeri de Nantuaco, L s.

— 12. Item, die lune, ante festum corporis Christi, videlicet XII[a] die junii, pro sepultura uxoris al Flaceour, CX s.

— 13. Item die Martis, ante dictum festum corporis Christi, videlicet XIII[a] die junii, pro sepultura uxoris Guioti de Belna, XI libr.

1346

JUIN, 17. Item, XVII die junii, pro sepultura Johannis Cyboudi, v s.

— 18. Item, XVIII die junii, pro sepultura uxoris dicti Epingot, L s.

Item, eadem die, pro sepultura dicte la Pavillota, VIII s.

JUILLET, 19. Item, XIX die Julii (sic), pro sepultura uxoris magistri P. de Bron, XXXV s.

JUIN, 29 Item, penultima die junii, pro sepultura uxoris Johannis de Rigneu, C s.

AOUT, 12. Item die sabbati ante assumptionem beate Marie virginis, pro sepultura Anthonie revenditricis, L s.

— 17. Item, die Jovis, post dictum festum, pro sepultura Johannis de Rigneu, capellani, XV s.

— 23. Item, XXIII die mensis Augusti, pro sepultura Columbi de Blancheria, V s.

— 24. Item, XXIIII die Augusti, pro sepultura Guersi, lathomi, XL s.

SEPTEMBRE, 3. Item, III die septembris, pro sepultura uxoris Stephani Ganterii, C s.

— 11. Item, die lune ante exaltationem sancte crucis, videlicet XI[a] die septembris, pro sepultura Johannis de Fluriaco, XII flor.

— 13. Item, die Mercurii ante exaltationem sancte crucis, pro sepultura filie dicte la Gornaigui, V s.

Item, eadem die, pro sepultura uxoris Johannis Codurerii, X s.

— 22. Item, die Veneris post festum beati Mathei, pro sepultura filii Stephani Gayeti, IIII s.

1346

SEPTEMBRE, 23. Item, die sabbati post festum beati Mathei, pro sepultura cujusdam pauperis mulieris de ruta Elemosin., V s.

Item, pro sepultura Johannis Bruneti, XII s.

OCTOBRE, 6. Item, VI$^{a}$ die octobris, pro sepultura Stephanete de Mat., C s.

— 9. Item, IX$^{a}$ die octobr., pro sepultura Guillermeti Tyserandi, XV s.

— 10. Item, X$^{a}$ die octobr., pro sepultura cujusdam pauperis hominis, V s.

*Summa predictorum LXI libr., XIIII s.*

*Item computavit michi dominus sacrista de sepulturis parvorum puerorum pro XXV septimanis superius nominatis IX libr.* (1).

*Hoc est secundum computum quem reddunt domini Johannes de Fabricis et Aymo Megecerii, canonici et procuratores generales ecclesie Sancti Nicetii Lugdun., ut sequitur valor ecclesie, tam in sepulturis quam in aliis rebus supervenientibus a XXIX$^{a}$ die octobris currente millesimo CCC$^{mo}$, quadragesimo sexto, usque ad VIII diem aprilis currente millesimo CCC$^{mo}$XL septimo, exclusive, in quo intervallo fuerunt viginti et tres septimane, nec non et expense facte tam ordinarie quam extraordinarie, pro ecclesia supradicta, usque ad diem supradictam.*

*Et primo sequntur sepulture.*

Primo, pro sepultura Henrici de Fabricis, C. s. V.

Item, pro sepultura cujusdam pauperis revenditricis, X s. V.

(1) Actes capitulaires folio 59, ancien LXXV.

1346

NOVEMBRE, 6. Item, VI^a die novembris, pro sepultura matris de Naion XXX s. V.

Item, eadem die, pro sepultura cujusdam pauperis mulieris de Geben. III s. V.

— 25. Item, XXV die novembris, pro sepultura dicti Albergireut, V s. V.

Item, eadem die, pro sepultura dicte a la Magnina, V s. V.

— 26. Item, XXVI^a die novembris, pro sepultura dicte a la Blanchi, V s. V.

DÉCEMBRE, 4. Item, IIII^a die decembris, pro sepultura uxoris Jaquemeti Michon, XXX s. V.

— 6. Item, VI^a die decembris, pro sepultura Johannis Audini, XV s. V.

— 26. Item, in die festi beati Stephani, pro sepultura cujusdam pauperis hominis, V s. V.

1347

JANVIER, 1. Item prima die januarii, pro sepultura (Johannis Mocerlerii, Philippi Girod), X s. V.

— 7. Item, VII^a die januarii, pro sepultura Johannis Mocerlerii, LXXII s. V.

— 16. Item, XVI die januarii, pro sepultura cujusdam pauperis mulieris de hospitali, XII s. V.

Item, eadem die, pro sepultura Lyatodi Grollerii, X s. V.

— 27. Item, XXVII die januarii, pro sepultura dicte la bona ovrieri, X s. V.

1347

JANVIER 28. Item, XXVIII die januarii, pro sepultura Peliczonis, v s. V.

— 27. Item, XXVII die januarii, pro sepultura uxoris Martini Perlipparii (1), xxv s. V.

— 28. Item, XXVIII die januarii, pro sepultura uxoris Petri de Villafrancha, xx s. V.

FÉVRIER, 3. Item, IIIª die febroarii, pro sepultura cujusdam pauperis mulieris de ruta Longa, v s. V.

— 6. Item, VIª die febroarii, pro sepultura Anthonii Grollerii, vi flor. auri, valen. ad mon. vii lb., xvi s. V.

— 7. Item, VII die febroarii, pro sepultura domini B. Vulpil, xxx s. V.

— 8. Item, VIIIª die febroarii, pro sepultura uxoris Balendrati, x s. V.

— 9. Item. IXª die febroarii, pro sepultura dicti Pontarly, xx s. V.

— 10. Item, Xª die febroarii, pro sepultura fratris Aleysie patissieri, xii s. V.

— 16. Item, XVI die febroarii, pro sepultura filie Petri Juliani, x s. V.

— 17. Item, XVIIª die febroarii, pro sepultura Jaquemeti de Charnay, vi flor. auri, valentes ad monetam, quia fuerunt deducti x s., pro sociis, vii libr. xii s. V., deductis x s., pro sociis.

— 26. Item, XXVI, die febroarii, pro sepultura uxoris Girardi de Chagnieu, x s. V.

(1) Il faut certainement lire Pelliparii.

1347

FÉVRIER, 26. Item, eadem die, pro sepultura filii Hugonis de Verzelay, v s. V.

MARS, 2. Item, IIª die Marcii, pro sepultura Petri Buaterii, x s. V.

— 3. Item, IIIª die Marcii, pro sepultura Johannis Odeti vii flor. auri, valen. ad. mon. ix libr. ix s. V.

— 6. Item, VI die Marcii, pro sepultura uxoris Jaquemeti Rolandi, xii s. V.

— 7. Item, VIIª die Marcii, pro sepultura filii Mortis, iiii s. V.

— 15. Item, XV die Marcii, pro sepultura matris Petri de Genas, xl s. V.

— 18. Item, XVIII die Marcii, pro sepultura Girerdi Dolu, vi flor. auri, valen. ad mon. viii lb. ii s. V.

Item, pro sepultura dicte La Franchichieri, xv s. V.

— 25. Item, XXV die Marcii, pro sepultura dicte a la Narbona, iiiior flor. auri, valen. ad. mon. cxvi s. V.

— 29. Item, die Jovis sancta, pro sepultura Humberti Secheron, xx s. V.

— 31. Item, ultima die Marcii, pro sepultura Anne ? de Bacuit ? (1) xl s. V.

Item, eadem die, pro sepultura Symondi Codurerii, x s. V.

---

(1) Peut-être faut-il lire Amie de Boturt.

1347

MARS, 31. Item, eadem die, pro sepultura cujusdam pauperis mulieris, VI s. V.

AVRIL, 3. Item, IIIa die aprilis, pro sepultura cujusdam mulieris de Genas, XX s. V.

— 4. Item, IIIIa die aprilis, pro sepultura dicti Digant, III flor., quolibet floreno computato pro XXti IX s., VI d., valent ad monetam IIII lib. VIII s., VI d. (1).

*Hoc est computum quem reddunt domini Johannes de Fabricis et Aymo Megecerii, canonici et procuratores generales ecclesie Sancti Nicetii Lugdun., et sequitur valor ecclesie tam in sepulturis quam in aliis rebus supervenientibus ecclesie a VIIIa die aprilis inclusive usque ad vissecimam quintam diem Augusti inclusive, necnon expense facte tam ordinarie quam extraordinarie, usque ad diem supradictam, currente M° CCCmo quadragesimo septimo, in quo intervalo sunt viginti septimane.*

*Et primo sequntur sepulture.*

— 8. Primo, VIIIa die aprilis, pro sepultura dicti lo Ruat de ruta Pini, VIII s. V.

— 9. Item, VIIIa die, videlicet IXa die aprilis, pro sepultura Jaquemeti Chapelerii, X s. V.

— 10. Item, Xa die aprilis, pro sepultura cujusdam tupinerii XX s. V.

— 13. Item, XIIIa die aprilis, pro sepultura matris Johanne Bonefilie, X s. V.

---

(1) Folio 65, ancien IIIIxx I.

1347

Avril, 15. Item, XV[a] die aprilis, pro sepultura Girerdi Ferralieti, v flor.

— 20. Item, XX[a] die aprilis, pro sepultura dicte la Mort, xx s. V.

— 24. Item, die Martis post festum beati Georgii, pro sepultura cujusdam lombardi, xlv s. V.

— 25. Item, in die festi beati Marci euvangeliste, pro sepultura Guillermeti Caul., lxx s. V.

— 26. Item, die Jovis, post festum beati Georgii, pro sepultura Boczonis de Lues, xx s. V.

— 28. Item, die sabbati post festum beati Georgii, pro sepultura dicte La Rata, xx s. V.

Item, eadem die, pro sepultura filii Georgie chapellarie, vi s. V.

— 30. Item, ultima die aprilis, pro sepultura domini Johanneti Redete, v s. V.

Mai, 4. Item, IIII[a] die maii, pro sepultura Guillermi de Gordans, vi s. V.

— 6. Item, prima die rogationum, videlicet VI[a] die maii, pro sepultura Petronille, uxoris Guillermi de Saint Chier, xx s. V.

— 11. Item, XI[a] die Maii, pro sepultura matris uxoris Roleti de Berna, xx s. V.

— 12. Item, XII[a] die maii, pro sepultura cujusdam mulieris, vi s. V.

— 13. Item, XIII[a] maii, pro sepultura matris me *(sic)* Johannete de Lues, iiii flor.

— 14. Item, XIIII[a] die maii, pro sepultura Sthephani de Castellione, x flor.

1347

Mai, 14. Item, eadem die, pro sepultura uxoris Ludovici Nauda, III flor.

Item, eadem die, pro sepultura uxoris filii Jaquemeti Michunt, XXV s. V.

— 18. Item, XVIII die maii, pro sepultura surde de Prissiaco, VIII flor.

Item, eadem die, pro sepultura filii dicti al Quatro, X s.

— 19. Item, XIX<sup>a</sup> die maii, pro sepultura Peroneti, affanatoris, XX s. V.

Item, eadem die, pro sepultura matris domini Aymonis de Amploputeo, X s.

— 20. Item, XX<sup>a</sup> die maii, pro sepultura Johannis de Villeta, VIII flor.

Item, eadem die, pro sepultura prioris de Loyetes, II flor.

*Summa usque hic, in moneta nigra, computatis, XX s. Tur. pro XXX s. V., XX lb. IIII s. V.; val. ad Vien., computatis IIII<sup>or</sup> Tur. pro V<sup>e</sup> d. Vien., videlicet XX sol. Tur., XXV<sup>e</sup> V., XVI lb. XVI s. VIII d. Vien. Ex nunc fiant compositiones sepulturarum ad dictam monetam, cujus IIII<sup>or</sup> Tur. valent V den. Vien.*

*Scriptum est per modum supradictum inter dominum Johannem de Fabricis et me Aymonem Megecerii, videlicet usque ad XXIIII<sup>a</sup> die mensis maii. Summa totalis omnium supradictorum XVI lb. XVI s. VIII d. V. et XL flor. Visa est.*

1347

MAI, 25. Item, XXV^a die mensis maii, pro sepultura Sthephani de Ausuerro, II flor.

— 26. Item, XXVI die, pro sepultura matris Johannis, clericuli, X s. V.

— 28. Item, XXVIII^a die maii, pro sepultura dicti al Lent, VI flor.

Item, eadem die, pro sepultura cujusdam lumbardi, qui obiit in domo quondam Roleti de Belna V flor.

— 29. Item, XXIX^a die maii, pro sepultura cujusdam fornierii, de qua concordavit dominus Girerdus Buni, V s. V.

Item, eadem die, pro sepultura cujusdam pelleparii de Cruseta, XX s. V.

Item, eadem die, pro sepultura cujusdam mulieris de ruta Nova, V s. V.

JUIN, 5. Item, V^a die junii, pro sepultura Bront, VI flor.

— 6. Item, VI^a die junii, pro sepultura Petri Raymondi, II flor.

— 13. Item, XIII^a die junii, de sepultura Johannis Francisci habui de sereis pond. LIX libr., qualibet libra fuit vendita II s. II t., summa VI lb., VII s., X d. Tur., val. ad Vien VII lb. XIX s. IX d. ob. Vien.

*Summa istarum particularum post precedentem summam, IX lb. XIX s. IX ob. Vien. et viginti unum flor.*

— 14. Item, XIIII^a die junii, pro sepultura uxoris Petri de Mores, IIII flor.

Item, eadem die, pro sepultura Martini Garini, II flor.

1347

JUIN, 15. Item, XV die junii, pro sepultura ancille Bernerdi Bollerii, XII s. VI d. V.

— 18. Item, XVIII die junii, pro sepultura filii Johannini de Sancto Prejecto, XII s., VI d. V.

Item, eadem die, pro sepultura Stephani Juvenis, III s. V.

— 19. Item, XIX<sup>a</sup> die junii, pro sepultura famuli de Canuhon ? III flor.

— 23. Item, in vigilia nativitatis beati Johannis Baptiste, pro sepultura dicte Latorvenna, V flor.

Item, eadem die, pro sepultura magni Stephani, servientis, XX s. V.

— 25. Item, die lune post festum beati Johannis Baptiste, videlicet XXVI<sup>a</sup> (sic) die junii, pro sepultura magistri Johannis de Conchiis, I flor.

Item, eadem die, pro sepultura unius pauperis mulieris que nutriit Gilletum de Cuysello, V s. V.

— 30. Item, ultima die junii, pro sepultura uxoris Hugoneti Berberii, III flor.

JUILLET, 2. Item, II<sup>a</sup> die Julii, pro sepultura filie Johannis Bergerii, III flor.

— 5. Item, V<sup>a</sup> die Julii, pro sepultura matris Hugonis de Buseria, II flor.

— 6. Item, VI<sup>a</sup> die Julii, pro sepultura fratris Margarite uxoris dicti Chalamont, X s. V.

— 7. Item, VIII<sup>a</sup> die Julii, pro sepultura domini Guichardi de Vignali, VI flor.

Item, eadem die, pro sepultura Aymonis Ce*m*psoris, XX s. V.

1347

JUILLET, 9. Item, IXª die Julii, pro sepultura uxoris Girerdi de Dola, IIII flor.

— 10. Item, Xª die Julii, pro sepultura unius pauperis juvenis, V s. V.

— 11. Item, XIª, die Julii, pro sepultura Johannis de Runiat, XII s. V.

— 12. Item, XIIª die Julii, pro sepultura Guichardi de Masticone, XX s. V.

— 15. Item, XVª die Julii, pro sepultura uxoris Nicholay Dorerii, III flor.

— 17. Item, XVIIª die Julii, pro sepultura famuli magistri Michaelis, XL s. V.

— 20. Item, XXª die Julii, pro sepultura Bernerde revenditricis, IIII s. V.

— 22. Item, XXIIª die Julii, pro sepultura cujusdam pauperis hominis de Ruta Nova, XV s. T., valent a Vien. XVIII s., IX d. V.

— 23. Item, XXIIIª die Julii, pro sepultura cujusdam pauperis mulieris de [ruta] Nova, uxoris Guillermi de Tunes, X s. V.

— 25. Item, XXVª die Julii, pro sepultura filie Bernardi Munerii, V s. V.

— 27. Item, XXVIIª die Julii, pro sepultura filii Martini Gayoti, XV. s. T., val. a V. XVIII s. IX d.

— 28. Item, XXVIIIª die Julii, pro sepultura Peneti Panaterii de Coyseta, X s. T., val. XII s. VI d. V.

Item, XXVIIIª die Julii, pro sepultura Stephani de Montebrisone, C. s. T., valent ad. Vien. VI lb. V s. V.

1347

JUILLET 30. Item, penultima die Julii, pro sepultura Rosse, revenditricis, VII s. V.

AOUT, 2. Item, II^a die Augusti, pro sepultura Hugonini dicti Loyselour, I flor.

— 5. Item, V^a die Augusti, pro sepultura matris Francisci Turiadi, IIII flor. cum dimidio.

— 7. Item, VII^a die Augusti, pro sepultura filiastri dicti Coyndreu, III flor.

— 8. Item, die VIII^a Augusti, pro sepultura uxoris Petri de Montagn., III flor.

— 10. Item, X die Augusti, pro sepultura Bartholomei Borgeys, III flor.

— 13. Item, die lune ante assumptionem beate Marie Virginis, videlicet XIII^a die Augusti, pro sepultura presbiteri domini Hugonis Lytardi XXX s. T., val. a V., XXXV s. VI d.

— 17. Item, die Veneris, post festum assumptionis beate Marie Virginis, videlicet XXVII^a *(sic)* die Augusti, pro sepultura dicte Aynarda, V s. V.

— 19. Item, XIX^a. die Augusti, pro sepultura Peroneti Codurerii, X s. V.

— 20. Item, XX^a die Augusti, pro sepultura matris Johannis bastardi de Flur., XL s. V.

Item, eadem die, pro sepultura ancille Germani Cartellerii, VIII s. V.

— 21. Item XXI^a die Augusti, pro sepultura sororis Symonini Ferrandi, II flor.

— 22. Item, XXII^a Augusti, pro sepultura uxoris clerici Gayeti, XXX s. V.

1347

AOUT, 22. Item, eadem die, pro sepultura unius mulieris peliparii de Macello, XVIII s., IX d. V.

Item, eadem die, pro sepultura filii Jaquemeti de Albenco, XXV s. V.

*Summa dictarum sepultutarum, videlicet solutarum ad Vien., LIII, XVI s. VIII d. ob. V. monete, cujus quinque denarii Vien. valent quatuor denar. Turon. monete regie.*

*Summa dictarum sepulturarum, videlicet solutarum ad flor. CXV flor.*

*De pravis* (sic) *sepulturis et confossionibus, que fuerant assensata domino sacriste precio XVIII librarum, nichil computat, quia dominus sacrista petit sibi deduci de suis destributionibus antiquis* (1).

*Hoc est computum quem reddunt Johannes de Fabricis et Aymo Megecerii, canonici et procuratores generales ecclesie Sancti Nicetii Lugdun. et sequitur valor ecclesie tam in sepulturis quam in aliis rebus supervenientibus a XXV^a die Augusti inclusive usque ad XX secundam diem decembris inclusive, nec non expense facte, tam ordinarie quam extraordinarie, usque ad diem supradictam, currente anno Domini millesimo CCC^o XL septimo, in quo intervallo sunt decem et septem septimane.*

*Et primo sequntur magne sepulture.*

AOUT, 30. Primo, peneultima die Augusti, pro sepultura uxoris Guillermi quandam lo Frisat, XX s. V.

---

(1) Feuillets 71. 72.

1347

SEPTEMBRE, 1. Item, prima die septembris, pro sepultura cujusdam pauperis mulieris, VIII s. V.

— 2. Item, secunda die septembris, pro sepultura uxoris Fornerii, XV s. V.

Item, eadem die, pro sepultura uxoris Petri Tisserandi, X s. V.

— 9. Item, IXa die septembris, pro sepultura Martini Jay, XV s. V.

— 10. Item, Xa die septembris, pro sepultura dicti Galteronis Cellerii, IIII flor. auri.

— 13. Item, XIII die septembris, pro sepultura filii dicti Servel, XXX s.

— 15. Item, XV die septembris, pro sepultura uxoris Johannis Guiffredi, VIII flor. auri.

Item, eadem die, pro sepultura Jaquemeti Fenoillieti, III flor. auri.

Item, eadem die, pro sepultura uxoris Saburnii IIII flor. auri.

— 16. Item, die dominica sequenti, videlicet XVIa die septembris, pro sepultura Johannis Jaquini, X s. V.

Item, pro panno et candelis confratrie super ipso Johanne positis, XX s. V.

— 17. Item, XVIIa die septembris, pro sepultura Agnetis de Teylant, VIII s. V.

Item, XVIIa die septembris, pro sepultura dicte La Briva, V s. V.

— 19. Item, XIX die septembris, pro sepultura cujusdam revenditricis, X s. V.

1347

SEPTEMBRE, 20. Item, die Jovis ante festum beati Mathie apostoli, pro sepultura Jaquemeti Busseti, IIII s. V.

— 27. Item, XXVII^a die septembris, pro sepultura cujusdam pauperis mulieris, IIII s. V.

— 29. Item, in die festi beati Michaelis, videlicet penultima die septembris, pro sepultura cujusdam codurerii, XXX s. V.

— 30. Item, ultima die septembris, pro sepultura filie Humberti Ganterii, IIII flor. auri.

OCTOBRE, 2. Item, secunda die octobris, pro sepultura cujusdam escofferii, XXX s. V.

— 7. Item, VII^a die octobris, pro sepultura uxoris Andreveti codurerii, X s. V.

— 9. Item, IX^a die octobris, pro sepultura Saburini, VI flor.

— 11. Item, XI^a die octobris, pro sepultura domini Johannis Burgondi, XII flor. auri.

— 17. Item, XVII die octobris, pro sepultura dicte La Gerra, XII flor. auri.

NOVEMBRE, 10. Item, X die novembris, pro sepultura matris Hugonini de Verselay, XXX s. V.

— 11. Item, XI^a die novembris, pro sepultura cujusdam pauperis mulieris, V s. V.

— 18. Item, XVIII die novembris, pro sepultura unius hominis qui mortuus [est] en Montriblout, XX s. V.

— 23. Item, XXIII^a die novembris, pro sepultura uxoris Didereti, paneterii, IIII flor.

— 24. Item, XXIIII die novembris, pro sepultura Johannis Codurerii, dimidium florenum auri.

1347

DÉCEMBRE, 7. Item, VII$^{a}$ die decembris, pro sepultura uxoris Johannis Pelati, IIII flor. auri.

— 12. Item, XII die dicti mensis, pro sepultura Jaqueti, mariti dicte La Reymonda, XC s. V.

— 18. Item, XVIII$^{a}$ die decembris, pro sepultura cujusdam pauperis mulieris, IIII s. V.

*Sequntur parve sepulture.*

SEPTEMBRE, 17. Primo XVII die septembris, pro sepultura filii Stephani quartalerii, XII d. V.

— 20. Item, XX die septembris, pro sepultura cujusdam parve filie, XII d. V.

— 22. Item, XXII die septembris, pro sepultura filii dicti Vaincies XX d. V.

Item, XXII die septembris, pro sepultura unius pueri cujusdam quartelarii, XXII d. V.

— 29. Item, die festi beati Michaelis, pro sepultura cujusdam pueri, XII d. V.

Item, eadem die, pro filio Brune quartalarie.

OCTOBRE, 15. Item, XV die octobris, pro sepultura unius pueri XII d., ob. V.

NOVEMBRE, 25. Item, XXV die novembris, pro sepultura filii dicti Vercieu, II s. V.

— 27. Item, XXVII die novembris, pro sepultura filii Michaelis fornerii, II s. I d. V.

— 28. Item, XXVII die novembris, pro sepultura cujusdam parvi pueri, XII d. V.

1347

DÉCEMBRE 8. Item, in die conceptionis beate Marie Virginis, pro sepultura Johannis Proilon*is*, II s. I d. V.

*Summa sepulturarum omnium puerorum XV s. IX d. ob. V.* (1).

*Hoc est computum quem reddunt domini Johannes de Bucis et Aymo Megecerii, canonici et procuratores generales ecclesie Sancti Nicetii Lugdun. et sequitur valor tam in sepulturis quam in aliis rebus supervenientibus a vicesima terciam* (sic) *diem* (sic) *decembris inclusive, usque ad V<sup>am</sup> diem aprilis inclusive, necnon expense facte tam ordinarie quam extraordinarie, usque ad diem supradictam, currente anno Domini millesimo CCC<sup>mo</sup> quadragesimo septimo, in quo intervallo sunt quindecim septimane.*

*Et primo sequntur magne sepulture.*

1348

JANVIER, 5. Primo, V[a] die januarii, Johannis Trium mulieris, II flor. cum dimidio.

— 6. Item, VI[a] die januarii, pro sepultura uxoris Girardi de Melondino, IIII flor.

— 8. Item, VIII die januarii, pro sepultura filie Petri Pachoudi, IIII flor.

— 11. Item, XI die januarii, pro sepultura Johannis de Platro, IIII flor.

---

(1) Feuillets 78[vo], 79.

1348

JANVIER, 24. Item, XXIIII[a] die januarii, pro sepultura Jaquemeti Nichoy, I flor. et dimid.

FÉVRIER, 3. Item, III die februarii, pro sepultura Mathei de Vallibus, I flor.

— 11. Item, XI die februarii, pro sepultura Peroneti de Sancto Laurencio, VI flor.

— 14. Item, XIIII die februarii, pro sepultura uxoris Petri lo Peyro, III flor.

Item eadem die, pro sepultura cujusdan pauperis mulieris, XV s. V. debilis monete.

— 15. Item, XV die februarii, pro sepultura unius pauperis mulieris, X s. bone monete.

— 20. Item, XX die januarii, *(sic)* pro sepultura Johannis Escofferii, II flor. cum dimid.

— 28. Item, peneultima die febroarii, pro sepultura ancille Jaquemeti Martineti, VI gros.

MARS, 4. Item, IIII[a] die febroarii *(sic)* [Martii], pro sepultura uxoris Jaquemeti Martineti, IIII flor.

— 5. Item, V[a] die febr. *(sic)* [Martii], pro sepultura Johannis Messagerii, I flor. cum dimid.

Item, pro sepultura Humberti Couberti, I flor.

— 13. Item, XIII[a] di febroarii *(sic)* [Martii], pro sepultura curati de Marbo, X flor.

— 25. Item, XXV die Marcii, pro sepultura filie Jaquemete codurarie, X s. bone monete.

— 28. Item, XXVII die Marcii, pro sepultura Johanneti Bruneti, II flor.

Item, XVIII die Marcii, pro sepultura cujusdam pauperis mulieris, V s. V.

1348

MARS, 28. Item, eadem die, pro sepultura cujusdam hominis VI s. V.

*Summa totalis dictarum sepulturarum in florenis, XLVII flor. VI gross.; in moneta bona XXXVIII s. VI d. V.* (1).

*Hoc est computum quem reddunt domini Petrus de Chalea et Aymo Megec[er]ii, canonici et procuratores generales ecclesie Lugdun., quinta die aprilis inclusive, currente M° CCC° XLVII°, usque ad penultimam diem junii exclusive, necnon expense tam ordinarie quam extraordinarie, usque ad diem supradictam, currente anno Domini M° CCC° XLVIII, in quo intervallo sunt XII septimane.*

*Et primo sequuntur magne sepulture.*

AVRIL. Primo, pro sepultura cujusdam pauperis hominis, V. s. Vien.

— 19. Item., die sabbati sancta, videlicet XIX die aprilis, pro sepultura cujusdam hominis de Villa Ulbana, XX s.

— 21. Item, XXI[a] die aprilis, pro sepultura uxoris Renaudi lo peyntre, I flor. cum dimidio.

— 23. Item, XXIII[a] die aprilis, pro sepultura cujusdam pauperis hominis, III s. V.

— 29. Item, penultima die aprilis, pro sepultura nepotis Stephani Pinssonis, XII s. V.

— 30. Item, ultima die aprilis, pro sepultura Ruphi, servientis, I flor.

---

(1) Folio 84vo.

1348

AVRIL, 30. Item, eadem die, pro sepultura sororis domini Jacobi Varequerii.

Item, eadem die, pro sepultura cujusdam pauperis mulieris, VI s. V.

MAI, 2. Item, II die maii, pro sepultura Stephani Occerii XX s. V.

— 3. Item, IIII die maii, pro sepultura uxoris Petri de Genas, II flor. cum dimid.

— 5. Item, V die maii, pro sepultura Bartheloti de Portu, IIII flor.

— 7. Item, VII die maii, pro sepultura uxoris Stephani Occerii, V s. V.

— 8. Item, VIII die maii, pro sepultura Petri Occerii, VI s. V.

Item, eadem die, pro sepultura Stephani Chaufandi, X s. V.

— 9. Item, IX^a die maii, pro sepultura uxoris Bertoloti II flor. cum dimidio.

Item, eadem die, pro sepultura Rose de Portu, XX s. V.

— 10. Item, X die maii, pro sepultura domini Martini Biatricis, VI flor.

— 11. Item, XI die maii, pro sepultura Ruphi, filii Berteloti de Portu, II flor.

— 12. Item, XII die maii, pro sepultura Hugonis Lovrerii, VI flor.

Item, eadem die, pro sepultura Mourini, clerici istius ecclesie, I flor. cum dimidio.

— 13. Item, XIII die maii, pro sepultura Stephanette, filie Rose de Portu, X s. V.

1348

MAI, 15. Item, XV die maii, pro sepultura dicte Lavita, III flor.

Item, eadem die, pro sepultura Jaquineti Lo Mois, VI flor.

Item, eadem die, pro sepultura uxoris Hugonis Livrerii, V flor.

Item, eadem die, pro sepultura parvi Ruynelli, III flor.

Item, eadem die, pro sepultura dicte Lat*ray*, X s. V.

— 16. Item, XVI die maii, pro sepultura domini Stephani Raynelli, VIII flor.

Item, eadem die, pro sepultura filii Mathei de Portu, I flor.

Item, eadem die, pro sepultura cujusdam pauperis hominis de Portu, VI s. V.

— 17. Item, XVII^a die maii, pro sepultura uxoris Mathei de Portu, II flor.

Item, eadem die, pro sepultura filie Masculi, XXX s. V.

— 18. Item, XVIII die mensis maii, pro sepultura cujusdam clerici, qui morabatur in Templo, XII s. V.

— 19. Item, XIX die maii, pro sepultura dicti Alvito, VI flor.

— 22 Item, XXII die maii, pro sepultura uxoris Jacquineti Lo Mois, III flor.

— 23. Item, XXIII^a die maii, pro sepultura uxoris Simondi de Barra, V flor.

Item, eadem die, pro sepultura fratris sui, IIII flor.

1348

Mai, 23. Item, eadem die, pro sepultura uxoris dicti Vaneirii, III flor.

— 24. Item, XXIIII die maii, pro sepultura Crochie de Portu, XV s. V.

— 25. Item, XXV die maii, pro sepultura dicte la Luytri, XX s. V.

Item, die dominica ante Rogationes, pro sepultura uxoris dicti lo Macho, II flor.

— 26. Item, die lune Rogationum, pro sepultura filii a Lorgelata, XXX s. V.

Item, eadem die, pro sepultura Jaquemete, uxoris Petri de Treforcio, V s. V.

Item, eadem die, pro sepultura filii Bruneti, I flor. cum dimidio.

Item, eadem die, pro sepultura cujusdam nutricis que morabatur in Templo, X s.

Item, eadem die, pro sepultura Laurencii de Marlia, V s. V.

— 27. Item, die Martis Rogationum, pro sepultura filii Perroneti de Ges, III flor.

— 29. Item, in die ascensionis Domini, pro sepultura Morelli revenditoris, XV s. V.

— 30. Item, die Veneris post ascensionem Domini, pro sepultura pidicesse clerici Humberti Barralis, X s. V.

— 31. Item, ultima die maii, pro sepultura Johannis Oboli, X s. V.

Juin, 1. Item, prima die junii, pro sepultura Andriveti Bruneti, I flor., cum dimidio.

1348

JUIN, 1. Item, eadem die, pro sepultura filie dicte a Lorgeleta, I flor.

— 2. Item, II die junii, pro sepultura Anthonie, sororis Bruneti, VIII flor.

— 4. Item, IIII die junii, pro sepultura matris uxoris Caveti, V s. V.

Item, eadem die, pro sepultura cujusdam pauperis mulieris, V s. V.

— 5. Item, V die junii, pro sepultura uxoris Jaqueti lo Reclus, VIII s. V.

— 6. Item, VI^a die junii, pro sepultura uxoris dicti Chauchiterra, XX s. V.

Item, eadem die, pro sepultura dicte La Juerii, X s. V.

— 7. Item, VII die junii, pro sepultura filii Bruneti et uxoris sue, V floren.

— 9. Item, IX die junii, pro sepultura filie Johannis de Quinsiaco, VIII s. V.

Item, eadem die, pro sepultura filie Michaelis de Quota, I flor.

Item, eadem die, pro sepultura cujusdam mulieris, X s. V.

— 10. Item, X die junii, pro sepultura cujusdam pauperis mulieris, VI s. V.

— 11 Item, XI die junii, pro sepultura matris Jaqueti lo Reclus, V s.

— 12. Item, XII die junii, pro sepultura filie Hugonis Malant, XX s. V.

Item, eadem die, pro sepultura cujusdam pauperis mulieris, VI s.

1348

JUIN, 12. Item, eadem, pro sepultura dicte La Clergi, xv s. V.

Item, eadem die pro sepultura cujusdam pauperis hominis, vi s.

Item eadem die, pro sepultura filii Peroneti de Burgo xxx s. V.

— 13. Item, XIII die junii, pro sepultura matris et filie Benedicte, x s. V.

— 14. Item, XIIII die junii, pro sepultura uxoris Barnavot, x s. V.

Item, eadem die, pro sepultura filie dicte la Venderci ante mores, x s. V.

Item, eadem die, pro sepultura filie Giraude dicte la Chapelleiri, viii s. V.

— 15. Item, XV die junii, pro sepultura Hugonis de Viviers, iiii flor.

Item, eadem die, pro sepultura Guioneti Pellati, vi s. V.

— 16. Item, XVI die junii, pro sepultura filie Platier, viii s. V.

— 15. Item, die dominica post Pentecost., pro sepultura uxoris Stephani Escoferii, viii s. V.

Item, eadem die, pro sepultura filie Stephani Gauterii, xx s. V.

Item, eadem die, pro sepultura Petri Mocellerii, dimid. flor.

— 15. Item, die dominica ante festum Corporis Christi, pro sepultura uxoris Petri Messagerii, v s. V.

— 16. Item, die lune ante festum Corporis Christi, pro

1348

JUIN, 16. sepultura nutricis de domo Johannis de Durchia, XII s.

— 17. Item, die Martis ante festum Corporis Christi, pro sepultura matris Johannete Bonefilie, v. s. V.

Item, eadem die, pro sepultura uxoris Petri Gaucherii, XX s. V.

— 18. Item, die Mercurii, in vigilia Corporis Christi, pro sepultura uxoris Facondi, V flor.

Item, eadem die, pro sepultura Petri Terelli, X s. V.

— 19. Item, in die Corporis Christi, pro sepultura uxoris Petri Buet, V s. V.

Item, eadem die, pro sepultura cujusdam escoferii, VIII s. V.

— 20. Item, die Veneris, post festum Corporis Christi, pro sepultura cujusdam beguigne, XX s. V.

— 21. Item, die sabbati sequenti, pro sepultura uxoris Bernardi Brunelli, III flor.

Item, eadem die, pro sepultura Joserandi Girinien, II flor. cum dimidio.

— 22. Item, die dominica post festum Corporis Christi, pro sepultura uxoris Jacobi de Vergeio, III flor.

Item, eadem die, pro sepultura uxoris Brunetti, XV s. V.

Item, eadem die pro sepultura uxoris Petri Mecellarii, dimidium flor.

— 23. Item, die lune post festum Corporis Christi, pro sepultura uxoris Johannis Graquerii III flor.

Item, eadem die, pro sepultura cujusdam pauperis mulieris, V s. V.

1348

JUIN, 22. Item, XXII die junii, pro sepultura ancille Josserandi Dozenii, v s. V.

— 24. Item, in die nativitatis beati Johannis Baptiste, pro sepultura Renaudi, notarii, IIII flor.

Item, eadem die, pro sepultura Jaquemeti Borene, XIIII s. VI d.

Item, eadem die, pro sepultura mariti parve Laurencie, VII s., VI d.

— 25. Item, die Mercurii post nativitatem beati Johannis Baptiste, pro sepultura Johannete, cujusdam pauperis mulieris, v s. V.

Item, die Mercurii post nativitatem beati Johannis Baptiste, pro sepultura uxoris Johannis Barberii, IIII flor.

Item, eadem die pro sepultura Bruneti, LX s. Tur., valent a Vien. LXXV s. V.

Item, eadem die, pro sepultura filie Odonis Pilon, V flor.

Item, eadem die, pro sepultura ancille de domo Ponder., V. s. V.

Item, eadem die, pro sepultura Fabri et ejus sororis XVI [s.] V.

— 27. Item, die Veneris post nativitatem beati Johannis Baptiste, pro sepultura uxoris Aymonis de Nevro, VIII flor.

Item, eadem die, pro sepultura Giraude chapellerie, II flor. f.

Item, eadem die, pro sepultura cujusdam ancille, V s.

1348

JUIN, 27. Item, eadem die, pro sepultura filie Petri Dandardi, dimidium flor.

Summa totalis magnarum sepulturarum, in presenti catervo contentarum, XLII lb. IIII s. V. et est VII$^{xx}$IIII flor.

*Sequuntur parve sepulture.*

AVRIL, 1. Et primo, prima die aprilis, pro sepultura cujusdam parvi pueri, XII d. V.

— 11. Item, XI die aprilis, pro sepultura filii dicti Epignot, II s. V.

— 19. Item, XIX die aprilis, pro sepultura filii Martini Boysonis, II s. V.

— 29. Item, penultima die aprilis, pro sepultura cujusdam pueri, VIII d. V.

MAI, 7. Item, septima die maii, pro sepultura cujusdam pueri, II s., VI d. V.

— 30. Item, penultima die maii, pro sepultura cujusdam pauperis puelle, XII d.

JUIN 11. Item, prima die junii, pro sepultura filie dicti Vyaneis, II s. V.

Summa istarum sepulturarum, XI s., II d. V.

*(Archives du Rhône, actes capitulaires de Saint-Nizier, tome I, feuillets 59, 65, 71, 72, 78, 79, 84, 89, 90).*

## V

*Reddition de compte des receveurs*

1348

Sciendum quod anno Domini M° CCC$^{mo}$ XL octavo, die Martis post festum beati Mathei apostoli, facto computo inter dominos sacristam et infrascriptos canonicos, videlicet dominos Laurencium Guilhendi, Andream de Balma, Johannem Salmaing, Odonem Jordani, Petrum de Chaleya et Johannem Varcini, canonicos Sancti Nicetii, cum Johanne de Vergeyo, pro tempore preterito quo dominus Aymo Megecerii, ut procurator, dictam ecclesiam rexerat, usque ad diem hodiernam, dictus Johannes remansit debens dicte ecclesie III$^{c}$ XXI flor. XI d. gross., de quibus cadunt, tam pro labore dicti domini Aymonis quam ejus distributionibus, sex edomadarum VIII lb. III s., de quibus VIII lb. III s. dictus Johannes debebat C s. V., quos receperat dictus dominus Aymo de sigillo offic., ultra summam suprascriptam, et sic debent dicto Johanni deduci LXIII s. V., valent II flor et X d. gross. et sic deductione facta totali, restat debens dictus Johannes dicte ecclesie III$^{c}$ XIX flor. I d. gross.

Item debet plus idem XXV flor., quos habet in custodia de pecunia anniversariorum pro redditibus acquirendis.

Summa arreragiorum per dictum Johannem, nomine dicte ecclesie recuperandorum III$^{c}$ IIII$^{xx}$ I flor. cum dimidio.

Item in pecunia LVIII lb. V s. VI d., de quibus cadunt XL flor. et in pecunia V s. V., quos recuperavit et solvere debet dominus sacrista.

Ceterum, dicto domino Aymone sublato de medio, videlicet XIII die mensis Augusti, incepit dominus Johannes de Fabricis concordare de sepulturis et recipere usque ad diem Martis post festum assumpcionis beate Marie Virginis, et ascendit summa receptorum per dictum dominum Johannem III$^{xx}$III flor., item in pecunia XV s. Tur. parvorum, quam habet in custodia dominus sacrista.

Item ascendit summa receptorum per dictum dominum sacristam de concordatis per dictum dominum Johannem XXXIX flor. VI. d. gross.

Summa arreragiorum pro tempore dicti domini Johannis CLVII flor. X. d. gross. Item in pecunia VIII libr. IX s., IX d. Vien., que debent recuperari per manum ecclesie.

Subsequenter, domino Johanne de Fabricis viam universe carnis ingresso, incepit dominus sacrista de sepulturis concordare et recipere usque ad diem lune inclusive ante festum beati Michaelis.

Summa receptorum per dominum sacristam a die Martis post festum Assumptionis beate Marie Virginis usque ad diem lune predictam C IIII$^{xx}$XVIII flor., X d. gross.; item, in pecunia L s. V. (omissi fuerunt).

Summa arreragiorum per ipsum dominum sacristam recuperandorum C XXX IX flor. VI d. gross.

Item, in pecunia IIII$^{or}$ libr. X s. V.

Et sic est summa totalis III$^{c}$ XXXVIII flor. IIII d. gross., item, in pecunia, VII lb., V.

Item, ultra predicta recepit dictus dominus sacrista pro sex septimanis de tempore predicto usque ad diem dominicam ante festum beati Michaelis, pro emolumento sigilli offic. VI lb.

Item, pro una appercione plotorum facta per eumdum, die sexta septembris CVII s. VI d., val. ad. flor., X flor.

Summa omnium receptorum per dictum dominum sacristam, tam pro tempore dominorum Aymonis Megecerii, Johannis de Fabricis et suo usque ad XXII diem mensis septembris, tam pro jure sepulturarum quam aliorum jurium dicte ecclesie debitorum II^c IIII^xx VIII flor., IIII d. gross.; item, it. pecunia LV s. Vien.

Secuntur distributiones canonicorum et incorporatorum ecclesie Sancti Nicetii predicti per dictum dominum sacristam solutarum infrascriptis prout inferius continetur, summa continentem XXXIII, lb. XVI s. VI d.

Item, pro servitoribus XVI lb. XVI s. II d.

Summa L lb., XII s., VIII d. V., val. XLV flor., II d. V.

Item, pro expensis extraordinariis VII flor., VI d. gross.

Summa totalis omnium que debentur domino sacriste tam pro distribucionibus canonicorum incorporatorum et aliorum ecclesie servitorum ac expensis extraordinariis, LII flor., VI d. gross.

Et sic facta deducione de predictis omnibus et singulis, tam pro tempore dominorum Aymonis Megecerii, Johannis de Fabricis quam ipsius domini sacriste, usque ad XXII diem mensis septembris inclusive, restat debere dictus dominus sacrista, omnibus deductis II^c XXXV flor., X d. gross.

Item, in pecunia LV s. qui fuerunt remissi eidem domino ascriste pro prandio diei presentis aresti.

Item, ultra predicta, sciendum est quod dictus dominus sacrista custodit nomine dicte ecclesie IIII^xx III flor.

Item, in pecunia XV s. Turon. parvorum, quos habuit a dicto domino Johanne de Fabricis de recuperatis per ipsum ut supra (1).

---

(1) F° 94, r° et v°.

Sequntur partes pecuniarum quas tradidit in capitulo Sancti Nicecii die XXVII octobris Johannes de Vergerio, anno Domini M° CCC° XLVIII.

Primo, XL d. auri ad scutum, valent LIII flor. IIII d. gross. parvi ponderis.

Item. XII d. auri ad parpill. val. XVIII flor. dicti ponderis.

Item, quinque dupplices auri, val. IX flor., VII d. gross.

Item, VII regales auri val. VIII flor. IX d. gross.

Item, tres agnos auri, val. III flor. VII d. ob. gross.

Item, unum angelum secundum val. I flor. auri, X d. gross.

Item, unum leonem auri, val. I flor. V d. gross.

Item, II^c XIII flor. magni ponderis, val. II^c XXI flor., X d. ob. gross; in moneta nigra VIII d. gross.

Summa tocius III^c XIX flor., I d. gross.

Sequuntur partes pecuniarum quas dicta die tradidit dominus sacrista.

Primo LI d. ad scutum, valent LXVIII flor., auri parvi ponderis.

Item, XII parpill. val. XVIII flor.

Item, quinque quatedr., val. VI flor. X d. ob. gross.

Item, VI regales, val. VII flor. cum dimidio.

Item, duos angelos secundos, val. III flor. VIII d. gross.

Item, unam coronam auri, val. I flor. VII d. gross.

Item, unum leonem, val. I flor., V d. gross.

Item, unum agnum, val. I flor., II d. ob. gross.

Item, in parvis florenis IIII^xx V flor.

Item, LXXIII flor. magni ponderis, valent LXXVI flor. et dimid. gross.

Summa II^c LXIX flor. III d. ob. gross.

Item, tradidit ultra predicta dictus sacrista L flor.

Sequuntur partes quas habebat dictus sacrista de pecunia recepta per dominum Johannem de Fabricis, tradite per eum dicta die XXVII octobris anno predicto.

Primo X d. auri ad scutum, valent XIII flor. IIII d. gross.

Item, parvi ponderis LXIX flor.

Item, in minuta moneta XV s. Tur. val. XI d. gross.

Item unum agnum, val. I flor. II d. gross.

Summa IIII$^{xx}$ IIII flor., V d. gross.

Summa trium summarum predictarum VI$^{c}$ LXXII flor. IX d. ob. gross.

De qua summa fuerunt amoti pro debitis ecclesie solutis de voluntate capituli CX flor. auri, presentibus in capitulo dominis F., sacrista, P. de Viris, cantore, Jacobo Fabri, Laur. Guillendi, P. Chaleya, Andr. de Balma, G. Parpill. Odone Jordani, Laur. de Vill*a*dia*n* ? P de Cuisiaco, canonicis. Item, remiserunt dicto domino sacriste XL flor. et decem domino Odoni pro laboribus et expensis per eos sustentis, tempore preterito. Que summa remanet sigillat. penes dictum dominum sacristam. Datum ut supra. Et sic solvit totam summam supradictam..... Jo. SALVAYN.

Redditis per dominum sacristam XL flor. et V s. Vien., quod recuperaverat de arreragiis domini Aymonis Megecerii, quondam canonici et procuratoris hujus ecclesie, et IIII$^{xx}$ III flor. et XV s. Tur., quos idem dominus sacrista habebat in custodia de pecunia, per dominum Johannem de Fabricis, quondam canonicum hujus ecclesie, recuperata, et XXXIX flor. VI d. gross. per dictum dominum sacristam recuperat. de arreragiis dicti domini Johannis de Fabricis et arreragiis que per ipsum sunt recuperanda et recuperata de tempore receptionis sue, de quibus omnibus vult computare et solvere, restat debens idem dominus sacrista, facta deducione de omnibus, LVI flor. ob. gross.

Item in pecunia VI lb. XV s. VI d. Vien., val., computato flor. XXII s. V., VI flor. I quart. de gros.

Et est sciendum quod arreragia predictorum domini Aymonis Megecerii et Johannis de Fabricis debent recuperari per manum ecclesie.

Anno XL octavo (deletam *(sic)* est quia est in sequenti pagina), die Mercurii in crastinum festi beati Martini recepimus in capitulo a dicto Jayme LX flor. auri, qui traditi fuerunt domino sacriste in custodia, ad opus capelle beati Michaelis (1).

Hec sunt summe auri et pecunie que custodit dominus Franciscus sacrista ecclesie Sancti Nicecii, de mandato dicti capituli, et quas summas confitetur dictus dominus sacrista penes se habere a capitulo supradicto.

Primo, habet penes se pro altari Sancti Michaelis LX flor. auri.

Item, recuperavit de arreragiis suis de quibus computaverat sed non solverat quinquaginta et sex flor. auri, ob. gross.

Item, restant recuperanda et que non habet penes se VI lb. XV s. VI d. V. monete cujus flor. valet XXII s. VI d. V.

De quibus summis supradictis solvit dictus dominus sacrista, pro negociis ecclesie, videlicet pro hiis que capitulum Sancti Nicetii habebat facere cum domino decano Lugd. et pluribus dictaminibus et scripturis LI flor. VIII d. gross.

Item, solvit dictus dominus sacrista Johanni de Uffella qui recuperavit summas suprascriptas II flor.

---

(1) Paragraphe biffé. — F° 95, r° et v°.

Et sic facta deductione sine pecunia Sancti Michaelis et sine arreragiis VI lb. XV s. VI d. V. dicte monete, restat debens dictus dominus sacrista II flor. IIII d. gross., quos solvit domino Odoni Jordani, procuratori dicte ecclesie.

JO. SALVAYN.

*(Archives du Rhône. — Actes capit. de Saint-Nizier, tome I, feuillets 94, 95, 96.)*

## VI

*Acte capitulaire déterminant les fonctions du trésorier*

13 Septembre 1342

Item, cum dictum capitulum officium thesaurarie dicte ecclesie commisisset domino Ludovico Albi qui nundum? ipsum officium habuit exercere nec eidem officio in aliquo deservivit, requisiverunt eundem ut declararet suam intencionem an dictum officium exercere vellet ut ipsi possent ecclesie super hujusmodi providere, declarantes eidem multa que ei, ratione dicti officii, facienda incombunt et in generali? sibi dicentes ipsum, ratione dicti officii, per omnia debere per se vel per alium facere omnia et singula que matricularii ab olim dicte ecclesie facere tenebantur, qui respondit se voluntarium et paratum facere ea omnia secundum suum posse et scire ?, dumtamen salarium sibi dandum per capitulum concedatur et se incoaturum et facturum inventarium suum de bonis et ornamentis ecclesie postquam redierit de extra villam de quodam loco ubi habebat accedere et per aliquos dies a Lugduno abesse et post reditum hujusmodi dictum officium libenti animo se facturum. Dicens tamen sibi multum placere si ea, que ratione dicti officii facere debet, sibi in scriptis in aliquo memoriali ponerentur ad informationem suam ut ea melius facere posset; cui responsum fuit per capitulum quod de eis per matricularios et alios servitores et canonicos ecclesie, a quibus hec querere posset, cotidie poterit informari, et nichilominus sibi multum placere quod in scriptis in aliquo memoriali ponantur et tradantur eidem. Assignaveruntque sibi salarium pro dicto officio modo predicto faciendo, videlicet quatuor libras, videlicet tantum quantum consuevit duobus matriculariis assignari et quod ipse omnia percipiat que matricularii consueverunt habere, videlicet per se vel per alium, quod salarium acceptavit ; de vestibus tamen que per matricularios a novis canonicis consueverunt haberi, ordinatum fuit quod ille eas habeat quando dictus dominus Ludovicus ad dictum officium thesaurarie exercendum duxerit adsumendum et quod idem dominus Ludovicus reliquias, calices, libros, capas, infulas, albas, pannos aureos, indumenta et ornamenta, litteras, instrumenta et bona mobilia ecclesie diligenter, bene et fideliter, cendalia, telas, crismalia, oblaciones et candelas recolligere et conservare ; reliquiasvero osculandas petentibus devote populis, inductus infula, cum devotione, accensa torchia ad majus altare horis alias ordinatis que sequuntur apportare, videlicet in fine matutinarum et in fine singularum missarum votivarum seu aliarum cum nota cantandarum vel per capellanum qui missam celebraverit inductum infula cum accensa torchia ad dictum altare osculandas devote et honeste facere apportari et candelas nedum ante altare beate Marie sed ubicumque recolligendas in ecclesia et oblaciones ubicumque et ad quecumque altaria ac cuicumque offerantur in ecclesia recolligere, et ipsas oblaciones cum integritate in archa, que est ante armarium quo reliquie ecclesie conservantur, ponere tenetur, ratione dicte thesaurarie, nec aliis horis debet reliquias osculandas porrigere nec persone postulantis notabilitas vel pressura populi multitudinis postularet. Poterit tamen, in fine vesperorum, eas osculandas ut supra porrigere, si expectantis populi fuerit multitudo, ne expectantes a vesperam *(sic)* usque mane accediati recederent non ostentatis reliquiis, quarum devocione principaliter venerint, aut gravarentur expensis. Debet etiam, in singulis matutinis et missis ac aliis diei horis canonicis cantandis in ecclesia, cereos accendere et libros et alia ministranda et tradenda tradere et facere omnia et singula que et prout matricularii tenebantur, excepto duntaxat crismate et oleo sancto et torchia que portantur infirmis cum eis extra ecclesiam sunt sacramenta ecclesiastica ministranda ; quorum crismatis, olei et torchie clericus sacriste custodiam et ministrationem habebit. St de Mirign...

(*Actes capit. St-Nizier*, ff° 5 v°, 6).

# TABLES

# TABLE ALPHABÉTIQUE

# TABLE DES MATIÈRES

Lyon, imp. Mougin-Rusand, Waltener et Cie sucrs, rue Stella, 3.

www.ingramcontent.com/pod-product-compliance
Lightning Source LLC
LaVergne TN
LVHW020405230826
846091LV00003B/1148

* 9 7 8 2 0 1 6 1 3 0 3 9 1 *